Über dieses Buch

Der Autor, ein in Zürich ausgebildeter italienischer Psychoanalytiker, hat nicht eigentlich ein psychoanalytisches Buch geschrieben, sondern eine Untersuchung zur psychoanalytischen Methode, genauer zu einem Teilgebiet dieser Methode, der Deutung, einer ihrer wichtigsten Elemente. Zu diesem Thema gibt es bisher kaum Literatur. Die erste Arbeit dieser Art, ›Die Psychoanalyse als Methode‹ von Imre Hermann, kam bereits 1934 und in zweiter Auflage 1963 heraus. Das bekannte Buch von David Rapaport ›Die Struktur der psychoanalytischen Theorie‹ ist zuerst 1959 in englischer Sprache erschienen. Das vorliegende Buch führt über die beiden genannten hinaus. Die Kritik an der Psychoanalyse, vor allem seit 1968, nimmt der Autor, der mit der Rezeption der Psychoanalyse in den Vereinigten Staaten wie auch in der Bundesrepublik vertraut ist, zum Anlaß, den wissenschaftlichen Status der Freudschen Lehre neu zu klären. Methodologische Fragen stehen im Vordergrund, wobei sich nach Auffassung des Autors das Verständnis des methodologischen Kerns der Psychoanalyse durch das Studium der Deutung erschließt. Wie wichtig es, auch im Hinblick auf die Praxis, ist, sich mit diesem zentralen Bestandteil der Psychoanalyse zu beschäftigen, begründet der Autor mit folgender Feststellung: »Man lehrt und lernt zu deuten und weiß großenteils noch immer nicht, was die psychoanalytische Deutung ist.«

Der Autor

Enzo Codignola wurde 1930 in Genua geboren. Er studierte Medizin, ließ sich zum Facharzt für Psychiatrie ausbilden und studierte anschließend Psychoanalyse und Psychotherapie unter anderem in Zürich. Er war Herausgeber der Zeitschrift *Psicoterapia e Scienze umane*.

ENZO CODIGNOLA

Das Wahre und das Falsche

Essay über die logische Struktur der psychoanalytischen Deutung

Mit einem Vorwort von
Paul Parin

Aus dem Italienischen von
Joachim A. Frank

FISCHER TASCHENBUCH VERLAG

FISCHER WISSENSCHAFT

Deutsche Erstausgabe
Veröffentlicht im Fischer Taschenbuch Verlag GmbH,
Frankfurt am Main, April 1986

Titel der italienischen Originalausgabe »Il vero e il falso«
Erschienen bei Paolo Boringhieri, Turin

Umschlaggestaltung:
Gesamtherstellung: Wagner GmbH, Nördlingen
Printed in Germany
1280-ISBN 3-596-27363-3

Inhalt

Inhalt

[illegible]

I. Psychoanalyse und [illegible]

II. Die [illegible] und [illegible]
[illegible]

III. [illegible]

IV. [illegible]

V. [illegible]

VI. [illegible]

VII. [illegible]

[illegible]

[illegible]

Vorwort von Paul Parin

Im Jahr 1977 ist der Autor dieses Buches im Alter von 47 Jahren gestorben. Bald nach seinem Tod ist *Il vero e il falso* erschienen. Ich war davon fasziniert und habe es sogleich deutschen Verlagen, die psychoanalytische Schriften zu publizieren pflegen, anempfohlen. Nach jahrelanger Überlegung konnten sich drei jener Verlage nicht entschließen, eine deutsche Übersetzung herauszubringen. Ich bin glücklich, daß ein vierter Verlag, der Fischer Taschenbuch Verlag, das kleine, aber wichtige Werk herausbringt.

Ohne Besorgnis, daß es überholt sein könnte, habe ich die Übersetzung, die Joachim A. Frank besorgt hat, gelesen und mit Genugtuung festgestellt, daß er es verstanden hat, den dichten Diskurs Codignolas richtig und genau wiederzugeben. Natürlich mußte dabei die Eleganz des Stils geopfert werden, die in der Sprache des Autors voll von Abstufungen, Anspielungen und Abgrenzungen ist, die im Deutschen nicht wiederzugeben sind.

Der Untertitel, den Codignola treffend, wie er sich stets ausdrückt, formuliert, ist nicht eben anziehend oder sensationell. Der Versuch, irgendeine logische Struktur zu untersuchen, scheint höchstens für Philosophen interessant, und da nur für solche, die ihre Kunst der Anstrengung des Begriffs an einem sehr speziellen Thema, das kaum von allgemeiner Bedeutung ist, erproben wollen. Wenn man jedoch bedenkt, daß die Psychoanalyse und ihre Art, das Seelenleben, ja die gesamte »condition humaine« zu deuten, längst zu einem Teil unserer Kultur geworden ist, wird man aufhorchen. Trotz der gewaltig angewachsenen psychoanalytischen Literatur, der vielen Schriften, die »psychoanalytisch« argumentieren, und jener, die über die Psychoanalyse handeln, haben es bisher vor allem nur zwei Psychoanalytiker versucht, die Struktur ihrer Wissenschaft aus der Fülle von Erfahrung, Theorie und Praxis herauszudestillieren und sie gleichsam »von außen« zu beschreiben: Imre Hermann 1934 *(Die Psychoanalyse als Methode)* und David Rapaport 1959 *(Die Struktur der psychoanalytischen Theorie).* Da hätten wir, nach langer Zeit, ein drittes Buch, das die vorhandenen fortsetzen, ergänzen, auf den Stand des heutigen Wissens bringen möchte. Das könnte so manchen Analytiker und so manche Analytikerin ansprechen. Bevor diese aber mit dem Lesen beginnen, werden sie innehalten, denn der Autor verspricht gar nicht, das zu bieten, was man erwartet hat. Er versucht sich doch nicht am gesamten Lehrgebäude der psychoanalytischen Wissenschaft (der in letzter Zeit noch dazu abgesprochen wird, daß sie überhaupt eine Wissenschaft ist), sondern nur an der Deutung.

Sobald man zu lesen beginnt, klärt sich ein erstes Mißverständnis. Die Deutung ist die Methode, die das Besondere der Freudschen Psychoanalyse ausmacht. Während die Theorie (die man Metapsychologie nennt) im Prinzip veränderbar ist und sich schon unter der Hand des Entdeckers vielfach verändert hat und während die Praxis nach Zeit, Ort, sozialer Rolle, Gesinnung, ja nach der jeweiligen Person der beiden Akteure immer wieder verschieden ist und sein muß, bleibt die Methode im Prinzip gleich; sie ist bis heute so geblieben, wie Freud sie 1900 in der »Traumdeutung« entworfen und gegen Ende seines Lebens 1937 in »Konstruktionen in der Analyse« näher beschrieben hat. Warum das so ist und so sein muß – den Nachweis überlasse ich dem Autor. Ich will hier nur feststellen: Wenn dem so ist, handelt der Essay doch über die »ganze« Psychoanalyse und nicht nur über ein Teilgebiet, über einen Begriff oder einen Aspekt, der ihr angehört. Im bescheidenen Exposé des Autors heißt das: »Man kann (...) behaupten, daß die Analytiker alle die gleichen Dinge tun oder tun sollten. Aber verstehen, um was für Dinge es sich handelt – das ist ein anderes Problem.«

Handelt es sich also um eine theoretische Abhandlung über das, was Psychoanalytiker tun? »Etwas tun« – so führt sich der Autor ein – »heißt nicht notwendigerweise, die logische Struktur dessen, was getan wird, gründlich verstehen.« Daß die »logische Struktur« mit dem Instrument abstrakten Denkens untersucht werden muß, ist nicht zu leugnen. Und doch ist dies kein rein theoretisches Buch, sondern ein eminent praktisches, ein Buch für die Praxis. Dies kommt daher, daß der Autor einer »materialistischen« Argumentation folgt. Statt das Tun des Analytikers, wie es bisher zumeist geschehen ist, »idealistisch« in der dünnen Luft einer wertfreien Wissenschaft anzusiedeln, in der das »Setting«, die Zeit, der Ort, die Person des Analytikers nur als vorgegebene unveränderliche oder nicht diskutierbare Rahmenbedingungen vorkommen, zeigt der Autor, daß es notwendig und unvermeidlich ist, alle jene »nichtinterpretierbaren« Vorgänge mitzudenken und in den Prozeß der Deutung einzubeziehen. An der Kritik der wichtigen älteren und neuen Schriften über die Deutung aus dem deutschen, britischen, amerikanischen und französischen Sprachbereich demonstriert er seine Methode, die Methode der Psychoanalyse klarzulegen. Im letzten Kapitel schreibt er – und ich stimme ihm bei –: [Ich habe] »den Diskurs über die Deutung als Diskurs über die Praxis der Psychoanalyse geführt«.

Niemand wird unterstellen, daß Psychoanalytiker ihrer Methode nicht oder nicht richtig folgen, wenn sie die »logische Struktur« ihrer Deutungsarbeit nicht durchschauen. Für gründliche Denker unter ihnen ist solches Wissen natürlich eine erwünschte Hilfe. Andere mögen ihre Tätigkeit als eine Kunst begreifen, die sich intuitiv entfaltet; alle werden darauf hinweisen, daß die Methode nicht anders als in der persönlichen Analyse, in einer dialogischen Auseinandersetzung, die zu einer vertieften Selbstreflexion führt, erworben werden kann.

Auf Fragen, *was* in der eigenen Analyse vermittelt wird, *warum* es so schwer oder unmöglich ist, Analysen durchzuführen, ohne sich selber einer Analyse unterzogen zu haben, *wieso* psychoanalytische Deutungen von Nichtanalytikern so häufig fehlgehen, gibt der Essay Antwort. Gewiß keine vollständige.

Doch liegt gerade da der Fortschritt, der sich aus der Klärung der »logischen Struktur« ergibt. Humanwissenschaften jeder Art, nicht nur Philosophie, Soziologie, Ethnologie, Pädagogik, Literatur- und Kunstkritik, sondern auch scheinbar weiter abliegende Gebiete wie Geschichtsforschung oder Rechtslehre, sind heute und schon seit langem bestrebt, psychoanalytische Einsichten zu verwenden. Das logische Gesetz, das der Autor als Gerüst für *jede* Art psychoanalytischer Deutung postuliert, wäre geeignet, den Wissenschaftlern, die ihre Deutungskunst nicht in einer eigenen Analyse erworben haben, richtige Deutungen zu ermöglichen. Ob sich dies praktisch bewähren wird, weiß ich nicht. Sicher ist jedoch, daß mit dieser Aufklärung der Kritik oberflächlicher, falscher oder unvollständiger Anwendungen psychoanalytischer Deutungen in den Geisteswissenschaften klarer und fundierter gegeben werden kann als bisher.

Enzo Codignola wurde 1930 in Genua (Italien) geboren, studierte dort Medizin und vollendete 1957 an der Universität von Genua die Ausbildung zum Spezialarzt für Nerven- und Geistes-Krankheiten. 1960 bis 1963 arbeitete er im ehemals berühmten »Sanatorium Bellevue« in Kreuzlingen (Schweiz), das von Ludwig Binswanger, dem kritischen Freund Sigmund Freuds, gegründet worden war. In diesen Jahren erwarb er seine psychoanalytische Ausbildung in Zürich. Nach Italien zurückgekehrt, führte er eine Privatpraxis in seiner Vaterstadt, ohne jedoch das Forschungsinteresse auf dem Gebiet der Psychoanalyse aufzugeben. Die Jahre 1960 bis 1977 waren vielmehr eine Zeit äußerst intensiver klinischer Forschung und theoretischer Diskussion zumeist im Rahmen des »Gruppo Milanese per lo sviluppo della psicoterapia« (»Mailänder Gruppe für die Entwicklung der Psychotherapie«). Später (1966) gründete er zusammen mit Pier-Francesco Galli und anderen Analytikern die Zeitschrift *Psicoterapia e Scienze umane*, in deren Redaktion er bis zu seinem Tode arbeitete. Um diese Gründung hatte sich ein Kreis engagierter Analytiker gebildet, die ihren Beruf nicht nur als therapeutischen auffaßten. Noch heute vertritt die Zeit schrift, in der neben vielen italienischen auch Übersetzungen

wichtiger Aufsätze aus anderen Ländern erscheinen, eine Linie, die man als gesellschaftskritisch im Sinn einer dialektischen und materialistischen Geschichts- und Gesellschaftstheorie bezeichnen kann. Dort gilt die Psychoanalyse unter anderem und vor allem als Forschungsinstrument für eine Theorie des Subjekts.
Der Kreis von Kolleginnen und Kollegen, mit denen unser Autor in zwanglosen Zusammenkünften und organisierten Arbeitstreffen diskutiert hat, erweiterte sich bald durch reiche Kontakte mit Teilnehmern des Psychoanalytischen Seminars Zürich (PSZ), die bis 1977 als »Plattform« innerhalb der Schweizerischen Gesellschaft für Psychoanalyse kritische oder »linke« Diskussionsgruppen bildete (aus der nach 1977 das heutige PSZ-Quellenstraße hervorging). Die wichtigsten Gesprächspartner Codignolas waren – neben Pier Francesco Galli – Marianna Bolko, Berta Neumann, Sandro Ancona, Emanuele Gualandri, Giambattista Muraro und Berthold Rothschild.
Die Sechzigerjahre brachten für das kulturelle und intellektuelle Leben in Italien, ebenso wie in anderen Ländern Europas, neue Impulse und tiefgreifende Änderungen. In weiten Kreisen wurde ein Interesse für die Psychoanalyse wach, als *ein* Aspekt der breiten sozialen und kulturellen Bewegungen jener Jahre.
Codignolas Essay setzt diesen Prozeß der Aufklärung oder genauer der Kritik einer großartigen Methode der Aufklärung menschlicher Verhältnisse fort und bringt ihn mit dieser Übersetzung (und einer gekürzten englischen, die im *Yearbook of Psychoanalysis and Psychotherapy* [Hrsg. Robert Langs, New York] fast gleichzeitig erscheinen soll) vor ein breiteres Publikum.
Sigmund Freud hat schon in den ersten Jahren der psychoanalytischen Bewegung gesagt, daß sich die Psychoanalyse nicht in der Einsamkeit eines Sprechzimmers, sondern nur im Austausch der Meinungen engagierter Forscher entwickeln kann. Man darf gespannt sein, ob ein Diskurs, und welcher, durch den Essay ausgelöst wird, in einer Zeit und in einem Raum, in dem die Psychoanalyse vor allem als Hermeneutik als Deutungswissenschaft verstanden wird, eine Auffassung, die Codignola kritisiert, indem er der Deutung eine andere logische Struktur, die einer Dialektik, zuschreibt.

Die theoretische Ausarbeitung dieses Essays erfolgte von 1962 an im Rahmen der Tätigkeit der Arbeitsgruppe, die derzeit die Zeitschrift *Psicoterapia e Scienze umane* leitet. Im besonderen entwickelte sich die Diskussion zunächst mit Pier Francesco Galli und später auch mit Marianna Bolko, Giambattista Muraro und Berthold Rothschild. Die gemeinsame Arbeit auf allgemeineren Gebieten half mir entscheidend, die Spezifität meiner Forschungsrichtung zu erkennen.

E. C.

I
Psychoanalyse und Deutung

Der kulturelle und operative Horizont der sogenannten »Humanwissenschaften« hat sich in den letzten zwei Jahrzehnten grundlegend verändert, und damit hat auch die Debatte über die Psychoanalyse neue Entwicklungen durchgemacht. Man erkennt, zum Beispiel, immer mehr die Möglichkeit von Verbindungen auf verschiedenen Ebenen zwischen den neuen Thematiken der Psychiatrie und der Psychologie einerseits und der Psychoanalyse andererseits. So zeigte sich die Tendenz, über Psychoanalyse nicht nur und nicht so sehr auf der Ebene der einzelnen theoretischen Hypothesen zu sprechen, sondern vielmehr in einem methodologischen Sinne. Tatsächlich mußte die Erörterung der Anwendbarkeit der Psychoanalyse in anderen als den traditionellen Situationen zwangsläufig zum Nachdenken über die Methode als unverzichtbaren Teil des theoretisch-praktischen Ganzen anregen. Eine gewisse strenge Wissenschaftlichkeit zu wahren suchen, ist ein Bemühen, das letzten Endes darauf hinausläuft, genauer zu definieren, was gewahrt oder geschützt werden soll. Die Theorie bedarf des Schutzes weniger. Lorenzer (1970, S. 9) sagt:

»Die wichtigsten Theorieteile, wie z. B. die Rolle der infantilen Sexualität oder die Existenz unbewußter Inhalte, sind weitgehend anerkannt und in nicht geringem Umfange sogar Allgemeingut geworden. Der Widerspruch und das ... Gespräch drehen sich nun weit mehr um die Einordnung des Systems der Psychoanalyse als Wissenschaft und als Therapie.«*

* Allerdings waren die deutschsprachigen Autoren in den letzten Jahren besonders empfindlich für gegen die Psychoanalyse gerichtete Angriffe und

Damit ist eine alte Frage wieder aktuell geworden. Die Notwendigkeit, den wissenschaftlichen Status der Psychoanalyse neu zu bestätigen und zu klären, erwies sich in dem Augenblick als um so dringender, in dem die Psychoanalyse aufgerufen wurde, in spezifischeren Aussageformen und Kontexten Rechenschaft über sich selbst abzulegen. Abgesehen von dem, was Habermas das »szientistische Selbstmißverständnis der Psychoanalyse« (Habermas 1968, S. 263) genannt hat, warten gewisse Behauptungen noch auf eine Klärung. Die Erörterung metapsychologischer Theorien sollte sich bis auf die jüngsten Entwicklungen ausdehnen; sie kann auch die gegenseitige Unvereinbarkeit einzelner Hypothesen im Vergleich mit anderen sichtbar machen.*

Zugleich erlebt man die Entstehung wissenschaftlicher Fachsprachen, die zwar von einer gemeinsamen Matrix ausgehen, sich aber so weit differenzieren, daß jede anders und von den anderen entfernt zu sein scheint. Das ist beispielsweise bei den verschiedenen Entwicklungstheorien in der Psychoanalyse der Fall. Geht man jedoch der Sache tiefer auf den Grund, so sieht man – wie Untersuchungen philosophischer Natur gezeigt haben –, daß der ursprünglichere, stabilere und solidere Kern der Psychoanalyse auf methodologischem Gebiet zu suchen ist. Die Erfahrung dieser letzten Jahre hat uns gelehrt, daß man sich der Psychoanalyse unter verschiedenen Gesichtspunkten nähern kann; aber auch wenn man den banalsten wählt, nämlich die Frage der Anwendbarkeit der therapeutischen Techniken auf diesem oder jenem Arbeitsgebiet, bleibt das unumgängliche

Kritiken, wie sie im Gefolge der Studentenbewegung von 1968 in Erscheinung traten. Lorenzer erklärt an anderer Stelle (1970, S. 15) diesen Ursprung seines Interesses an der theoretischen Diskussion über die Psychoanalyse. Zu den Kritiken verschiedener Herkunft an der Psychoanalyse äußert sich auch Horn (1974). In anderen europäischen Ländern erschienen ebenfalls Beiträge zu diesen Themen, wenn sie vielleicht auch nicht so systematisch und präzise waren wie die deutschen. Einige Fragen wurden in einer Debatte behandelt, die vom Psychoanalytischen Seminar Zürich mit Beiträgen von P. F. Galli, B. Rothschild und mir veröffentlicht wurde (1974).

* Siehe dazu meine Einleitung (1975a) zu A. H. Modell, *Amore oggettuale e realtà*, Boringhieri, Turin 1975.

Problem (oder was als solches gelten sollte) immer dasselbe: die Methode.

Auf methodologischem Gebiet beansprucht die Psychoanalyse für sich die strengste Identität aufgrund der Struktur der Deutung. Daher gilt es, den Deutungsprozeß, verstanden als die Methoden, die Kriterien, die Charakteristika der Interpretation, zu studieren, um das Wesentliche der wissenschaftlichen Legitimität und das strukturelle Hauptelement der Psychoanalyse als Theorie und als Therapie zu erfassen. Dieser Gedanke stammt freilich nicht von mir: man erinnere sich an Ricoeur, den Autor, der ihn am weitesten entwickelte, und an viele Psychoanalytiker, die ihn in Einzelfällen bestätigten. Es gibt aber eine noch ältere und gewiß originalere Quelle, nämlich Freud selbst. In seinem Werk finden sich oft Aussagen über die Vorläufigkeit aller metapsychologischen (ganz zu schweigen von den anthropologischen) Hypothesen, die er entwickelt. Er versichert, daß jede revidiert, korrigiert oder geändert werden kann, und wir wissen, wie oft er das auch getan hat. Was aber Freud ein einziges Mal, in der *Traumdeutung* (1900), genau darlegt, ist die Deutungsmethode. Von diesem Augenblick an wird sie immer gleich bleiben und den Bezugspunkt des theoretischen Gebäudes in dem Sinne bilden, daß sie verwendet wird, um jede nachfolgende Hypothese aufzustellen, zu kritisieren und zu revidieren. Freud macht zu diesem Zweck zwar von der klinischen Beobachtung Gebrauch, aber es ist klar, daß es sich nicht um eine »objektive« Beobachtung handelt, sondern um die Verwendung von Daten, die bereits durch den Deutungsprozeß »behandelt« wurden. Die Debatten über die wissenschaftliche Struktur der Psychoanalyse haben zur Genüge gezeigt*, daß die mangelnde »Objektivität« dieser Daten, weit davon entfernt, einen Grund dafür zu liefern, an ihrer Demonstrations- oder Beweiskraft zu zweifeln, insofern in der Natur der Theorie begründet ist, als es sich um eine psychologische

* Man könnte hier viele Autoren zitieren; für alle mag die Argumentation gelten, die vor allem von H. Feigl und R. Carnap in den berühmten »Minnesota Studies on the Philosophy of Science« entwickelt wurde – selbstverständlich neben der von D. Rapaport, besonders in der *Struktur* (1959).

Theorie handelt. Als solche hat sie sozusagen Anspruch auf einen eigenen Platz unter den wissenschaftlichen Theorien. Es ist auch gezeigt worden*, daß die wissenschaftliche Verifikation der Anwendung der Deutung als Quelle von »Beobachtbarem« eher in der inneren Kohärenz des theoretischen Systems als in dem Anspruch auf eine naturalistische Neutralität der Beobachtung selbst gesucht wird. Die Deutung ist also in Wirklichkeit das kohärenteste Beobachtungsinstrument, über das der Analytiker verfügt, und zugleich ist sie sein therapeutisches Agens *par excellence*. In diesem Sinne stellt sie das Operationsgerüst der Psychoanalyse auf beiden Seiten dar: auf der theoretisch-epistemologischen und auf der klinisch-angewandten.

Nach Freud wurden diese Kriterien praktisch von jedem Psychoanalytiker anerkannt, wenn auch nicht immer bewußt. So ist beispielsweise anzumerken, daß Anna Freud (1969, S. 19f.) Wert darauf legt, unter den Ichfunktionen einige zu unterscheiden, die sie als *auch* objektiv (in ihrer Entwicklung) beobachtbar definiert, womit sie bestätigt, daß es sich auf irgendeine Weise um Ausnahmen von der allgemeinen Regel der psychoanalytischen Beobachtung handelt. Gegenwärtig behaupten nur noch einige Analytiker**, sie machten von der »direkten Beobachtung« des Kindes Gebrauch, um ihre Hypothesen zu bestätigen. Man kann jedoch einwenden, daß die Verhaltensweisen des Kindes auf spezifische Weise aufgezeichnet werden müssen, um in der psychoanalytischen Erörterung benutzt werden zu können; das heißt, man muß jene Umsetzung der Sprache von der allgemeinen Sprache in die der Theorie vollziehen, die

* Siehe vorausgegangene Anmerkung.

** Ich spiele auf die Bewegung an, die mit der Veröffentlichung der »Psychoanalytic Study of the Child« eingeleitet wurde: die zugrunde liegende Absicht, gegen die an sich nichts einzuwenden ist, scheint mir von einigen Analytikern – vor allem der Kleinschen Schule – übertrieben worden zu sein, die auf der Behauptung beharren, daß die »direkte« Beobachtung des Kindes als Beweis für die von ihnen entwickelten Hypothesen herangezogen werden kann. Meiner Ansicht nach wird die wissenschaftliche Legitimität solcher Hypothesen nicht dadurch entkräftet, daß eine »reine« oder direkte Beobachtung des Kindes in der Psychoanalyse offenbar unmöglich ist. Es müßte hier nur über einen möglichen Irrtum der Methode diskutiert werden.

Levy* als Teil der Deutung beschreibt. Das bedeutet die Verwendung von Daten, die schon durch die Deutung bearbeitet wurden, und nicht von rohen, unbearbeiteten, sozusagen »objektiven« Daten. Verhielte es sich übrigens nicht so, würde die Psychoanalyse eine Wissenschaft der Wahrheit in der Psychologie werden, das heißt das, was sie von Freud an nie zu sein versucht hat.

Wenn sich andererseits der Horizont bis zu einer Gesamtschau des Freudschen Denkens erweitert, so findet man, daß der erste Differenzierungspunkt Freuds eben gerade die Struktur und Physiognomie seiner Deutungsmethode war. Was die Identität der Psychoanalyse, im Unterschied zum Denken der Zeit Freuds, ausmachte, war nicht sosehr der fortschreitende Aufbau der Theorie als vielmehr die frühzeitige Festlegung dieser Methode. Ricoeur stellt Freud in diesem Sinne neben Nietzsche und Marx:

»Blickt man auf ihre gemeinsame Intention zurück, so findet man darin den Entschluß, das Bewußtsein im ganzen als ›falsches‹ Bewußtsein zu betrachten ... Der von der Descartesschen Schule geprägte Philosoph weiß, daß die Dinge zweifelhaft sind, daß sie nicht so sind wie sie erscheinen; aber er zweifelt nicht daran, daß das Bewußtsein so ist, wie es sich selbst erscheint; in ihm fallen Sinn und Bewußtsein des Sinns zusammen; seit Marx, Nietzsche und Freud zweifeln wir daran. Nach dem Zweifel an der Sache sind wir nun in den Zweifel am Bewußtsein eingetreten.« (Ricoeur 1969, S. 46.)

Und weiter:

»Was nun Marx, Freud und Nietzsche voneinander trennt, ist die Hypothese sowohl hinsichtlich des Prozesses des ›falschen‹ Bewußtseins wie hinsichtlich der Entzifferungsmethode. Beides gehört zusammen ...« (ibid., S. 47/48.)

Wir werden noch auf die Gedanken des französischen Meisters zurückkommen, der hier zitiert wird, weil er auch auf histori-

* Auf die Arbeit Levys (1963) komme ich im nächsten Kapitel noch ausführlich zurück.

scher Ebene das Primat der psychoanalytischen Deutung bestätigt und zeigt, daß gerade sie, wie gesagt, das erste Differenzierungsmoment des Freudschen Denkens darstellt. Ricoeur stellt sodann den Vergleich zwischen der Freudschen und anderen möglichen Deutungen in den Vordergrund, er dringt in den »Deutungskonflikt« ein und behandelt schließlich die Psychoanalyse als eine Hermeneutik, eine Entzifferung des Symbols. All das, scheint mir, betrifft das philosophische Problem, für das sich Ricoeur interessiert, und entfernt sich, zumindest teilweise, vom hier gestellten Thema. Auch das Studium der psychoanalytischen Hermeneutik (das zuletzt zwangsläufig zu einer Studie über den ganzen Freud wird) bleibt für diesen Autor auf streng theoretischen Ebenen. Tatsächlich ist der wahre Gegenstand seiner Untersuchung die Theorie. Aber die innere, konkrete Logik der psychoanalytischen Deutung erfassen zu wollen, ist nur möglich, wenn man andere Wege einschlägt: nur wenn man vom Spezifischen, das heißt von der Praxis ausgeht. Die philosophischen Werke der letzten Jahre haben gezeigt, daß der Weg zum Verständnis des methodologischen Kerns der Psychoanalyse über das Studium der Deutung führt; daher muß man nun das Problem in den richtigen, den spezifischeren und konkreteren Rahmen setzen. Was geschieht tatsächlich in dem Augenblick, in dem sich eine Methode, die ein so fundamentales Element der westlichen Kultur darstellt, in einer Praxis niederschlägt? Wie weit bleibt ihre Struktur erkennbar, wie weit scheint sie sich dagegen im Dschungel der technischen Vorschriften zu verlieren? Das Studium der Deutung, soviel steht fest, kann nicht so sehr verständlich machen, was die Psychoanalyse behauptet, als vielmehr ihre charakteristische Art, die Dinge zu behandeln; und auf ebendiesem Gebiet scheint es noch dunkle Zonen zu geben. Da der Analytiker tatsächlich deutet, verhält man sich oft so, als gälte es als ausgemacht, daß die Operation in ihren Elementen, ihrer inneren Logik, ihrem Ablauf bekannt sei. Doch bei näherer Prüfung bemerkt man womöglich, daß dem nicht so ist: etwas tun, bedeutet nicht notwendigerweise, die logische Struktur dessen, was getan wird, gründlich verstehen.

Die psychoanalytische Klinik wird heute ausführlich studiert und diskutiert. Die Beiträge über einzelne Aspekte der Technik und der Metapsychologie, die am Beispiel klinischer Situationen dargestellt werden, sind sehr zahlreich. Das gleiche kann man von den Problemen der Methode nicht behaupten; über sie sind, wie man sehen wird, die in so vielen Jahren psychoanalytischer Literatur gesammelten Untersuchungen eher spärlich. Man verhält sich im allgemeinen so, als ob die Physiognomie des psychoanalytischen Handelns als bekannt vorausgesetzt werden könnte; aber einige Probleme zeigen nach wie vor, daß das wohl nicht zutrifft. Um sich ihnen zu nähern, kann man damit beginnen, Fragen der Kommunikation innerhalb des Fachbereichs zu diskutieren.

Man hört oft sagen – zum Beispiel in den Seminaren –, daß es faktisch unmöglich sei, genau zu rekonstruieren, was in einer klinischen Situation geschieht. Zu viele Variable sind mit im Spiel, und sie reichen von der Gegenübertragung des Analytikers in bezug auf den Patienten und die Kollegen bis zu anderen Ursachen des Widerstands. Es gibt Variable, die die verschiedenen theoretischen Positionen betreffen oder die verschiedenen Arten, die gleichen Phänomene zu begreifen oder zu beschreiben, und so fort. Alles in allem erkennt man eine komplexe Problematik, nämlich die des Austauschs und der Verarbeitung von Informationen, die wissenschaftlich zusammenhängend und daher unter Wahrung einer gewissen Strenge verwertbar sind. Es scheint, daß ein solcher Austausch auf ständige Schwierigkeiten stößt. Man kann aber beobachten – das ist das Interessante daran –, daß Konsens und kollektive Verifikation sich vor allem dann mit relativer Leichtigkeit einstellen, wenn es darum geht, in dieser Situation zu handeln. In Fachkreisen sieht man in dieser Tatsache gewöhnlich das Resultat einer gewissen Gruppendynamik, als ob das Erscheinen eines Führers bewirkte, daß sich die Gruppe auf die von diesem vorgeschlagene Linie einigt.

Faktoren dieser Art sind zweifellos am Werk, aber es bleibt das Gefühl, daß sie das Problem nicht ganz erklären. Feststeht, daß der Konsens unter erfahreneren Analytikern leichter erreicht wird als unter jüngeren und daß die Homogenität der theoretischen Ansichten eine Variable von relativ geringer Bedeutung zu sein scheint. Man kann aber wiederum nicht alles auf eine Frage der Erfahrung reduzieren: Bei der Herstellung von Konsens werden, auch in chaotisch erscheinenden Diskussionen, dunklere Wege verfolgt. Es scheint, als ob jeder wahrnähme, daß der Punkt der Gemeinsamkeit existiert, dabei aber keiner imstande wäre, ihn mit hinlänglicher Klarheit zu erkennen. Gewiß, man versucht, ihn in der Metapsychologie zu lokalisieren. Der Weg endet häufig nur beim ideologischen Einsatz der Metapsychologie im Dienste der Kohäsion dieser oder jener Gruppe. Das geschieht beispielsweise oft mit den »Denkschulen«, die in Wirklichkeit lokalen Gruppen von Analytikern mit einem bestimmten Modell der Ausübung beruflicher Macht auf diesem Gebiet entsprechen. Aber auch abgesehen von solchen Überlegungen, ist gerade der Versuch, sich um die Metapsychologie zu versammeln, letzten Endes zum Scheitern verurteilt, und sei es nur wegen der diesem Teil der Psychoanalyse inhärenten notwendigen Dialektik. Eine »definitive« Metapsychologie und ein totales Bekenntnis zu ihr kämen im Grunde dem Anspruch seitens der Psychoanalytiker gleich, die eigentliche anthropologische Wahrheit ganz erlangt zu haben: Damit würde sich ein krasser Gegensatz zu den Grundlagen der Methode ergeben. Welche andere Lösung ist greifbar? In den letzten Jahren hat man, auch auf der Ebene der Literatur, versucht, eine Lösung in der Technik zu finden. Angesichts der Ausweitung des Fachgebiets verfolgten die Studien über die Technik vielleicht das Ziel, gewissen zentrifugalen Tendenzen entgegenzuwirken, indem man Fixpunkte von allgemeiner Gültigkeit setzte; es ist wohl kein Zufall, daß im letzten Jahrzehnt mehr Lehrbücher der analytischen Technik erschienen sind als in den vorausgegangenen.* Es scheint jedoch, daß jemand, der ein Buch dieser Art schreibt und ein für allemal – zumindest auf technischer Ebene – zu entscheiden versucht, was die Psychoanalyse für alle zu sein hat, nur lebhafte Polemiken auszulösen

* Man braucht nur aufs Geratewohl zu erwähnen, daß innerhalb einer kurzen Zeitspanne die Texte von Racker, Menninger und Greenson erschienen sind.

vermag (wie die, welche auf das Erscheinen des Buches von Greenson folgten); und diese Polemiken werden um so heftiger, je präziser die Darlegung und je gründlicher die Kodifikation ist. Schon vor geraumer Zeit hatte Eissler (1953) bemerkt, daß die Entfernung zwischen Metapsychologie und Technik noch groß und nicht überbrückt ist; und es scheint, daß seine Feststellung noch immer aktuell ist, wenn man die Uneinigkeit auf gewissen Ebenen betrachtet.

Man kann also behaupten, daß die Analytiker alle das gleiche tun oder tun sollten. Aber verstehen, um was es sich dabei handelt – das ist ein anderes Problem. Wie man gesehen hat, ist es sehr schwer, den gemeinsamen Nenner in der Metapsychologie zu finden, und noch schwerer in der Technik allein. Doch es gibt einen anderen, weniger ausgetretenen, aber darum nicht minder vielversprechenden Weg. Es könnte sein, daß trotz allem Konsens existiert und sozusagen aktiv ist, daß er aber noch nicht hinlänglich begrifflich erfaßt ist. Das heißt, es könnte sich um etwas handeln, was angewandt wird, ohne daß man es klar zu sehen vermag. Das theoretisch-praktische Zentrum, in dem sich jeder Analytiker zu erkennen sucht, ist vielleicht in seiner inneren Struktur nicht ausreichend durchleuchtet worden. Diese noch fehlende ausdrückliche Klarstellung macht vielleicht das Zweifelhafte des ganzen Arguments aus.

Man kann sich dem Problem unter dem Gesichtspunkt der Mitteilbarkeit der Psychoanalyse als Praxis nähern. Bekanntlich gibt es im wesentlichen zwei Methoden, das psychoanalytische Wissen weiterzugeben: die des theoretischen Studiums – der Texte – und die der direkten, handwerksmäßigen Weitergabe, zu der auch der Gedankenaustausch unter Psychoanalytikern im allgemeinen gehört. Die zweite dieser Methoden ist die am weitaus meisten diskutierte, auch weil sie das typische Modell des Erlernens der Psychoanalyse darstellt, da sie sich auf eine spezifische, eben psychoanalytische, Anschauung von der kognitiven Tätigkeit gründet. Mit anderen Worten, die direkte Mitteilung ist eine Operation, welche die psychoanalytische Theorie der kognitiven Tätigkeit berücksichtigt und sich ihrer bedient, um bestimmte Dinge auszuarbeiten und weiterzugeben. Was ist in diesem Rahmen das spezifische Objekt, an dem sich diese Operation entwickelt? Gewiß nicht die metapsychologische Theorie: Es stehen geeignete Texte zur Verfügung, um sie zu studieren. In einem gewissen Sinne ist es auch nicht die Theorie der Technik und ebensowenig die Technik in ihren Einzelheiten: Auch dafür gibt es Bücher, die sich leicht konsultieren lassen. Die Notwendigkeit der direkten Weitergabe ergibt sich nicht nur aus Überlegungen hinsichtlich der kognitiven Tätigkeit, sondern auch aus der Tatsache, daß das Objekt, das weitergegeben wird, *ausschließlich* die logische Struktur des Deutungsprozesses ist, und zwar unabhängig davon, ob sich die an der Beziehung Beteiligten (zum Beispiel Lehrer und Schüler) dessen bewußt sind oder nicht. Und diese Struktur ist offensichtlich noch nicht klar genug begrifflich erfaßt, um in einem Text behandelt zu werden. Man ist tatsächlich der Ansicht, daß der Deutungsprozeß auf keine andere Weise weitergegeben werden kann als auf die durch die Ausbildung exemplifizierte handwerkliche.

Gewöhnlich führt man zur Erläuterung dieses Sachverhalts Faktoren an, die auf fehlende Vermittelbarkeit hinauslaufen (so spricht man beispielsweise von der Unmöglichkeit, die »Kunst« des Deutens auf den üblichen Wegen weiterzugeben). Wahrscheinlicher ist aber, daß man in diesen Situationen von der Deutung als Prozeß spricht, ohne daß es gelingt, den Prozeß selbst auf kognitiv einleuchtende Weise zu konzeptualisieren. Man vermittelt, man lehrt, man lernt zu deuten und weiß zum großen Teil nach wie vor nicht, was die psychoanalytische Deutung ist. Bei der Ausbildung werden natürlich die Rudimente einer Technik zur Entzifferung des Symbols geliefert. Aber die allgemeinere Konzeptualisierung des Deutungsproblems wird, wo man sie versucht, sogleich zu einer abstrakten Operation. Wenn man auch auf einzelne Konzepte zurückgreifen kann, um den Prozeß verständlich zu machen (man spricht, zum Beispiel, von der Beziehung zwischen Deutung und Übertragung, von der Evolution der Deutung, die der Entwicklung der Analyse folgt, von der »klinischen Bedeutung« als Instrument, um konkrete Kontexte zu erfassen, und so fort), so bleibt doch immer etwas, was einem entgeht. Man hat den Eindruck, daß der logische Kern der Deutung nicht klar ist, auch wenn man weiß, wie man ihn wirksam weitergibt. Bei der Tätigkeit in den Seminaren und bei den Diskussionen hat man immer das Gefühl, daß sich die Erörterung um einen geheimen, aber charakteristischen und unersetzbaren Kern dreht. Das Geheimnis liegt vielleicht nicht sosehr an etwas, was vorsätzlich verborgen wird, sondern eher in der Dunkelheit, die den logisch-operationalen Kern der Deutung noch umgibt.

Dieser Dunkelheit ist sich beispielsweise Menninger (1977, S. 156) bewußt, wenn er von der Deutung in der Psychoanalyse sagt: »Wir mögen das Wort nicht sehr.« Nicht von ungefähr sieht er die Gefahr, daß »es jungen Analytikern ein falsches Bild ... vermittelt«. Und er fährt fort: »Muß man sie daran erinnern, daß sie keine Orakel, Hexenmeister, Linguisten und auch keine Weisen ... sind?« (Und man muß sich fragen, ob das nicht auch der ältere Analytiker glauben könnte.) Aber warum verbindet sich das Deuten so unmittelbar mit dem Magischen, warum beschwört es so leicht Phantasmen der Allmacht herauf? Das ist nur möglich, weil ein geeignetes definitorisch-begriffliches System der Deutung selbst fehlt.

Andererseits muß man zugeben, daß es sich um eine schwierige Problematik handelt. Viele haben rasch vor ihr halt gemacht und sich ins Unbestimmte oder Romantische zurückgezogen (wie jene, die auf der »Kunst« der Deutung bestehen oder auf dem Einsatz des eigenen Unbewußten).* Wenigen ist es gelungen, über die ersten Schritte hinauszukommen, und bezeichnenderweise wurden ihre Arbeiten sofort zu Klassikern. Das Thema ist komplex, und man gerät leicht in Gebiete, die strenggenommen nicht zur Psychoanalyse gehören. Von der Deutung sprechen, das kann beispielsweise heißen: suchen, was die Deutung *ist*; doch das ist eine Aufgabe für den Sprachphilosophen. Will man verstehen, warum sie funktioniert, wird die

* Von der »Kunst« der Deutung ist in vielen Arbeiten verschiedener Herkunft häufig die Rede. Was den Einsatz des Unbewußten des Analytikers als therapeutisches Instrument betrifft, siehe die Fußnote zu Susan Isaacs im 2. Kapitel.

Frage, auch in Anbetracht ihrer anthropologischen Implikationen, so weitläufig, daß sich die Psychoanalyse nicht anmaßen kann, eine Antwort zu finden.
Man muß daher das Forschungsfeld eingrenzen. Wenn man vom Standpunkt der Praxis ausgehen will, muß man auf diesem Gebiet vor allem den wirklichen Umkreis, in dem sich der Deutungsprozeß entwickelt, und die spezifischen Modalitäten seiner Durchführung unter Berücksichtigung der Eigentümlichkeiten der psychoanalytischen Deutung begreifen. Wenn es möglich ist, in dieser Richtung ein paar Schritte zu tun, wird die Aufgabe nachfolgender Forscher mit derselben Orientierung erleichtert. Eine solchermaßen orientierte Anschauungsweise kann damit beginnen, die schwere idealistische Hypothek zu tilgen, die auf dem Begriff der psychoanalytischen Deutung und, im weiteren Sinne, auf der ganzen Freudschen Hermeneutik lastet. Tatsächlich bemerkt man oft bei manchen das Unbehagen, das eine gewisse traditionelle Auffassung dieser Begriffe hervorruft; aber es ist nicht leicht zu erkennen, worauf die falsche Perspektive beruht, oder es gar zu demonstrieren. Wir sind es seit Jahren gewohnt, diese methodologischen Aspekte als ein unantastbares Erbe zu betrachten, das vom Genie Freuds entdeckt wurde und nur einigen gut geschulten Philosophen oder Sprachwissenschaftlern bekannt ist. Der Analytiker kann oft nur anwenden, was an ihn weitergegeben wurde, ohne an diese Grundlagen der Methode zu rühren; im übrigen liefern sowohl die Technik als auch die Metapsychologie hinlängliche Rechtfertigungen für die analytische Praxis. Aber es gibt seitens der Theorie keinen Ansatzpunkt, der es erlauben würde, den Begriff der Deutung von aufklärerischen Verkrustungen oder von dem verzerrenden Idealbild zu befreien, dem er oft angepaßt wurde. Diese ideale Auffassung, auf die ich später noch näher eingehen will, hält in Wirklichkeit der klinischen Nachprüfung nicht stand. Die Deutung ist keine Operation von der Art, wie sie oft beschrieben wird, keine »reine« Operation, die unter idealen, abstrakten Bedingungen verläuft.
Aber wenn die Dinge nicht so sind, wie sie zu sein scheinen, vor allem wenn die Deutung nicht so vor sich geht, wie man es oft

glaubt und lehrt – wie verhält es sich dann wirklich? Welche sind die logischen Operationen, die das Deuten bestimmen und welchen Bereich umfassen sie? Den symbolischen oder einen Bereich, von dem das Symbolische nur einen Teil bildet? Welches ist der geistige Arbeitsvorgang, der im Deutungsprozeß Analytiker und Patienten mit einschließt, reduziert auf seine tatsächlichen Ausdrucksweisen und nicht nur in im idealen Sinne aufgefaßt? Mit diesem Forschungsgebiet will sich der vorliegende Essay befassen. Ich kann nur einen partiellen Beitrag leisten, aber das nimmt der Problematik nichts von ihrer Bedeutung. Ich glaube, daß es heute nötig ist, eine andere Perspektive zu eröffnen als die von vielen Untersuchungen implizierte. Die psychoanalytische Methode mit ihrem gewiß nicht idealistischen Entwicklungsgefüge und mit ihrer inneren Dialektik ermutigt meiner Ansicht nach zu einer solchen Anstrengung.

Viele der Fragen, die ich andeutete, sind bereits Gegenstand der Forschung gewesen. Andere Untersuchungen über die Deutung in der Psychoanalyse haben verschiedene Probleme geklärt. Ich werde in den folgenden Kapiteln die wichtigsten erschienenen Beiträge diskutieren. Bisher habe ich mich bemüht, die Gründe und Leitlinien dieser Arbeit zu erklären, aber erst innerhalb des genaueren, von der vorhandenen Literatur gezogenen Horizontes werden sie deutlich sichtbar werden.

II
Die Deutung in der Psychoanalyse und in der wissenschaftlichen Psychologie

Die Psychoanalytiker haben sehr oft von der Deutung gesprochen, aber nur am Rande und im Zusammenhang mit Forschungen anderer Art: zum Beispiel im Hinblick auf die Technik oder im Rahmen eines allgemeinen theoretischen Diskurses. Es fällt schwer, in der Literatur Arbeiten zu finden, die ausschließlich diesem Thema gewidmet sind. Andererseits ist es auch nicht leicht, die Deutung zu isolieren und als Thema für sich zu behandeln. Ihre Verknüpfungen mit der klinischen Technik einerseits und der allgemeinen Metapsychologie andererseits sind sehr eng, und sie zu lösen oder zu ignorieren, kann den Eindruck des Künstlichen und Unkorrekten erwecken. Ricoeur hat, wie ich bereits sagte, mit seinem monumentalen Werk gezeigt, daß ein Diskurs über die Deutung in ihrem weitesten Sinne zuletzt ein Diskurs über den ganzen Freud wird.

An dieser Stelle würde jedoch eine ähnliche Erweiterung des Begriffs keinen Sinn haben: Das Forschungsgebiet, das ich abzugrenzen versuchte, ist viel enger. Um von den ganz spezifischen, in der Praxis zum Ausdruck kommenden Aspekten der Deutung zu sprechen, muß man dem philosophischen Hinterland, das Ricoeur erforschte (auf den man allerdings hinsichtlich einzelner Aspekte seines Werkes noch zurückkommen wird), den Rücken kehren und die Beiträge der Psychoanalyse zu diesem Problem untersuchen. Diese sind, wie ich andeutete, eher spärlich, und natürlich beziehen sich auch die bekanntesten und grundlegendsten auf die Arbeiten Freuds zum Thema, die ihrerseits nicht zahlreich sind.

Freud hat in seiner *Traumdeutung* die Umrisse einer Theorie der Deutung entworfen. Das Modell ist das der Deutung als Beschäftigung mit der Beziehung zwischen Trieben und ihren Abkömmlingen einerseits und Widerständen andererseits. Das wird sichtbar in der Arbeit über die Beziehung zwischen manifestem und latentem Trauminhalt. Freud hat damals noch nicht, was er später tun wird, die klinische Deutungstechnik ausgearbeitet: Es geht ihm noch vor allem darum, ein allgemeines theoretisches Modell zu entwerfen. In dem Bemühen, die Traumsprache verständlich zu machen, stellt er in der Tat auch die Kriterien auf, die zu einer anderen Auffassung von Struktur und Funktionsweise der Psyche führen. Das im berühmten 7. Kapitel ausgearbeitete Modell bleibt danach so etwas wie ein Prototyp der psychoanalytischen Behandlung psychischer Phänomene, wenn auch mit den nachfolgenden Modifikationen der Theorie: eine Deutung des Psychischen in der methodologischen Bedeutung des Begriffs. In diesem Sinne erfährt die Arbeit Freuds von 1900 an keine grundlegende Änderung mehr. Dagegen werden sowohl die Metapsychologie, die hier noch in ihren Anfängen steckt, als auch die in dieser Arbeit kaum angedeutete Theorie der Technik häufig und vielfältig modifiziert.

Ich halte es für nutzlos, hier länger bei der *Traumdeutung* zu verweilen, um sie noch einmal gründlich zu erörtern. Das hat schon mit dem ihm eigenen Scharfsinn Ricoeur getan, auf den ich den Leser verweise. Der wichtigste Teil ist natürlich der Kommentar des französischen Philosophen zum 7. Kapitel.

Als weiterer Schritt innerhalb des Freudschen Werkes, ein Schritt, der viele Jahre später, nämlich 1937, getan wurde, kann die Schrift »Konstruktionen in der Analyse« gelten. Zwischen dem einen Datum und dem anderen, das heißt zwischen 1900 und 1937, entwickelte Freud den größten Teil seines Werkes. Man kann daher die beiden Arbeiten in einem gewissen Sinne nicht nebeneinanderstellen: Zwischen ihnen liegt der Aufbau eines großen Teils der psychoanalytischen Theorie mit allen aufeinanderfolgenden Modifikationen und Hypothesen. Die Arbeit des Jahres 1937 zeigt den reifen Freud; sie betrifft auf eine viel spezifischere Weise den Begriff der Deutung, so wie er ihn nach der ganzen analytischen Erfahrung von vierzig Jahren neu behandeln konnte. Bemerkenswert ist, daß Freud von diesem Begriff in der ganzen Arbeit dieses langen Zeitraums kaum je gesprochen hatte, es sei denn andeutungsweise und indirekt. Nun tut er es mit Hilfe einer höchst interessanten neuen Formulierung, die einige fundamentale Fragen berührt, vor allem hinsichtlich des Begriffs der sogenannten rekonstruktiven Deutung in der Analyse.

Der Titel »Konstruktionen in der Analyse« geht auf Freuds Vorschlag zurück, den klassischen Ausdruck »Deutung« durch »Konstruktion« zu ersetzen. Dabei handelt es sich nicht nur um eine sprachliche Spitzfindigkeit. Freud wendet sich den Grundlagen seiner in der analytischen Praxis bewährten Deutungsmethode zu. Er behauptet nun, daß die einzelnen Deutungen immer auf einen Endzweck ausgerichtet sein müssen, den er als Konstruktion eines Diskurses definiert. Auf den ersten Blick scheint es, daß dieser Diskurs die vollständige Erinnerung des Patienten an seine Vergangenheit betrifft, die Rekonstruktion seiner bisherigen Existenz. Aber es ist kein Zufall, daß Freud nicht von Rekonstruktion spricht, sondern von Konstruktion, und nicht zufällig präzisiert er, daß diese Tätigkeit von beiden Partnern der analytischen Beziehung vollzogen wird und nicht von einem allein. Zweifel hinsichtlich der Erinnerung an eine tatsächliche Lebensgeschichte werden rasch beseitigt. Zwar vergleicht Freud die Arbeit des Analytikers mit der des Archäologen, aber er vergegenwärtigt sich auch die Unterschiede zwischen den beiden. Die Verwandtschaft ist hauptsächlich durch den deduktiven Aspekt gegeben, der Unterschied vor allem durch zwei Punkte: die Tatsache, daß man einen lebenden Menschen mit seiner Vergangenheit erforscht, die zumindest teilweise noch in ihm wirksam ist, und die Tatsache, daß das, was man zu konstruieren versucht, die reale Umwelt ist, in der sich der Mensch bewegt. Was die Vergangenheit betrifft, setzt sich diese Umwelt nicht aus den Tatsachen des (materiellen) Lebens des Patienten zusammen, sondern aus denen seines geistigen Lebens. Was also rekonstruiert wird, ist vor allem die Evolution der zurückliegenden geistigen Prozesse des Patienten, und was konstruiert wird, ist etwas Zusätzliches. Als Bernfeld (1932) die Psychoanalyse eine »Spurenwissenschaft« nannte, spielte er auf ebendie (Erinnerungs-)Spuren geistiger Geschehnisse der Vergangenheit an, die mit dem gegenwärtigen geistigen Leben verbunden sind. Und die Verbindung ergibt sich durch den Sinn: Der ganze Prozeß wird dadurch bestimmt, daß den Dingen ein Sinn zugeschrieben wird – Dingen, die scheinbar unverbunden und daher unsinnig sind. Und eben durch die Zuerkennung des Sinnes tritt andererseits die psychoanalytische Theorie über die Struktur des Geistes auf den Plan: Sie liefert Kriterien und Richtlinien, um den Sinn, die Bedeutung aufzudecken.

Für Freud ist daher Deuten niemals nur Wiederfinden der Erinnerung, da für ihn klar ist, daß auch sie gedeutet werden muß, wenn man die geistigen Prozesse aufspüren will, die sie so gestalten, wie sie ist. Aber Deuten heißt auch nicht nur ein Symbol entziffern. Auch wenn Suche nach Sinn an sich, wie sie in den »Konstruktionen« dargestellt wird, ein so charakteristischer Teil der Analyse ist, genügt sie nicht, um den Begriff Deutung zu definieren. Es ist vielmehr augenscheinlich (und die klinische Erfahrung bestätigt es), daß eine solche »Konstruktion« schon einen entscheidenden Eingriff in die innere Dynamik des Patienten darstellt. (Fenichel 1935, S. 43, erinnert daran, daß dies immer ein Ziel der psychoanalytischen Deutung ist.) In jedem Falle kann die Deutung nicht auf bloße Übersetzung der Andeutungen des Patienten reduziert werden (ibid.).

Dieses Werk hat seinen fundamentalen Charakter behalten, denn Freud macht mit ihm klar, in welchem Sinne die Erforschung der Lebensgeschichte des Patienten verstanden wird, und er bringt diesen Sinn mit dem in Verbindung, der durch die innere Kohärenz der verschiedenen Teile eines Diskurses gegeben ist, den der analytische Prozeß konstruiert. Ziel dieses Diskurses ist immer vollständige Kohärenz, auch wenn diese fortwährend im Widerspruch steht zum Unbewußten, das immer wieder Inkohärenzen schafft. Die analytische Methode lebt von diesem inneren Widerspruch, ja sie macht ihn sogar zur eigentlichen Triebkraft. Auf diese Weise weicht ihr »Sinn« radikal von den Inhalten der nichtanalytischen Deutungen ab; er ist auf absolut spezifische Weise ein Kennzeichen der Psychoanalyse, die von allem Anfang an sofort an der ihr eigenen charakteristischen Auffassung der Suche nach Bedeutung und der Bedeutung selbst zu erkennen ist. Deshalb kann man sagen, daß Freud in den »Konstruktionen« einerseits die (schon viel früher begonnene) Preisgabe jeglichen Anspruchs auf faktische Erkenntnis zu Ende führt und es andererseits ablehnt, die Analyse auf eine reine, wenn auch sehr komplexe Hermeneutik zurückzuführen.

Die Diskussion über das Ja und das Nein in Freuds Schrift ist ein Beweis für diese These. Eine Hermeneutik als Entzifferungstechnik muß, zumindest auf dem eigenen Forschungsgebiet, einen Universalschlüssel für die Entzifferung selbst liefern. Freud zeigt in einer Diskussion, die hier nicht wiederholt zu werden braucht, daß die eine ebenso wie die andere Antwort im Prinzip unzuverlässig ist. Jede für sich kann entweder als passive Zustimmung des Patienten zu den Worten des Analytikers oder aber als ein Widerstand gegen die Deutung ausgelegt werden: Das Ja kann ein Nein verbergen und umgekehrt. Wo ist dann aber Verifikation zu suchen, Garantie für die Richtigkeit der Intervention oder Beweis für ihre Falschheit? Wenn diese Garantie auf jeden Fall zum Besitz des Analytikers gehört, bedeutet das nicht, daß die Hermeneutik, die sie ihm liefert, einen absoluten Wert besitzt? Und müssen wir dann die Analyse nicht doch wieder als eine reine und einfache Entzifferungstechnik, das heißt eben als eine Hermeneutik betrachten? Freud stellt klar, daß dem nicht so ist. Dennoch beruft er sich auf »klinische Erfahrung« und Kenntnis des spezifischen Falles ebenso wie auf die Fortsetzung des analytischen Prozesses – lauter Dinge, die in einem so rigorosen Kontext zu vage erscheinen können. Aber in Wirklichkeit vertraut er auf den roten Faden jener »Konstruktion«, die auf die allgemeine Kohärenz der Deutung abzielt, von der wir schon gesprochen haben. Auch das Vorhandensein des Symbols genügt nicht, um die Hypothese zu bestätigen, und noch weniger das Vertrauen auf

einen symbolischen Kodex; beides führt vielmehr oft plötzlich in die Irre. Der Text Freuds behandelt viel mehr – und vor allem auf andere Weise – als die einfache Entschlüsselung.
Es genügt jedoch nicht, die naiven Anschauungen von der Lebensgeschichte als einer Geschichte von Tatsachen auszuräumen, Anschauungen, die den Sinn der analytischen Deutung entstellen. Auch auf die Fakten des geistigen Lebens übertragen, könnte die Deutung (was noch heute oft geschieht) immer noch als reine Entzifferung des, wenn auch besser definierten, Sinnes behandelt werden. Man könnte meinen, die ganze psychoanalytische Arbeit sei, wenn man dem Freud von 1937 folge, darauf ausgerichtet, die Teile eines Diskurses zusammenzusetzen, die auseinandergerissen waren, oder, wie Lorenzer sagt, eine zerstörte Sprache zu rekonstruieren.* Aber diese Anschauung, so plausibel sie im Kontext der »Konstruktionen« ist, verliert an Stichhaltigkeit, wenn man das Werk Freuds zwischen 1900 und 1937 berücksichtigt. Nach den ersten Kontroversen mit Jung und dem Auftreten von Abweichungen hatte Freud befürchtet, daß sich die psychoanalytische Deutung den Vorwürfen der Abstraktheit und Willkürlichkeit aussetzen könnte – Vorwürfen, die paradoxerweise unterstützt wurden durch den typischen knappen Determinismus der Deutung selbst. (Er konnte den Eindruck erwecken, daß der Analytiker mehr auf die eigene Logik hörte als auf die »Tatsachen«.) Wie wir gesehen haben, verteidigt er sich in dieser Schrift nicht oder nur auf unbestimmte Weise, und er beruft sich auf etwas im Grunde so schlecht Definiertes wie die »klinische Erfahrung«. Es genügt aber nicht zu sagen, daß sich die Freudsche Deutung immer auf das Spezifische gründet; man muß auch sagen, daß sich Freud immer darum bemüht hat, die Entzifferung des Symbols und damit die Deutung der Dinge an konkreten und sichtbaren Bezugspunkten (d. h. außersprachlichen Dingen, Vorgängen, Eigenschaften) zu verankern. In der *Traumdeutung* war dieser Bezugspunkt – als etwas auf nichts anderes als sich selbst Reduzierbares – die Tatsache der Behandlung, die Bezie-

* Ich spiele auf die Theorie von Lorenzer (1970) an, wie sie sich in dem Buchtitel *Sprachzerstörung und Rekonstruktion* ausdrückt.

hung zwischen dem Patienten und dem, der ihn behandelte; und in bezug darauf wurden, wie noch gezeigt werden soll,* die Traumsymbole gedeutet. Es ist allerdings richtig, daß Freud auch ohne dieses methodologische Schema Träume deutete, aber in solchen Fällen war er immer darauf bedacht, den hypothetischen, spekulativen Charakter der Deutung hervorzuheben. Wissenschaftliche Gewißheit ist etwas anderes; für Freud stützte sie sich immer auf eine Deutungsstruktur vom soeben beschriebenen Typ. Im übrigen wäre es nun an der Zeit, in bezug auf die Freudschen Analysen literarischer Texte oder anderer Äußerungen von Personen, die Freud nicht kannte, festzustellen, daß es nicht das gleiche ist, ob man im Gründungsstadium einer Theorie die Bestätigung für generalisierbare psychologische Gesetze sucht oder ob man alles und jedes »wild« analysiert. Ohne ihre Bezugspunkte schließt die kaum noch als psychoanalytisch zu bezeichnende Deutung immer mehr Dinge mit ein, wie Beispiele aus jüngster Zeit gezeigt haben. Und wir wissen nunmehr, welche Gipfel an Banalität der Psychoanalytiker immer dann besteigen kann, wenn er zusammen mit konkreten Bezugspunkten auch die Spezifität und die Wirksamkeit seines wissenschaftlichen Instruments aufgibt.

Doch um zu unserem Argument zurückzukehren: Der ursprüngliche Bezugspunkt – die Behandlung, die Beziehung zum Arzt – wird viel komplexer nach der Entdeckung der Übertragung, aber er geht nie verloren. Auch in diesem Bereich, der auf Hermeneutik zurückzuführen ist, verliert die psychoanalytische Deutung nicht ihre Spezifität. Sie stellt ein Begriffssystem dar. Als er die »Konstruktionen« verfaßt, weiß Freud, daß dieses System, dessen Struktur er so viele Jahre zuvor erarbeitet hatte, sowohl theoretisch als auch in der praktischen Anwendung seine eigene Autonomie erlangt hat. Die Methode beruht natürlich auf einem metapsychologischen Fundament, aber gleichzeitig macht sie sich weitgehend von der Metapsychologie frei und existiert für sich selbst.

* Siehe 5. Kapitel.

Über diese Autonomie der Deutung könnte man wahrscheinlich lange diskutieren. Sie wird vielleicht in den folgenden Abschnitten dieser Arbeit klarer zu sehen sein. Äußerlich gesehen geht sie sozusagen aus einem Rückblick auf die Geschichte der Psychoanalyse hervor. Es ist heute schwer zu erfahren, wie eine psychoanalytische Behandlung vor dreißig, vierzig Jahren oder noch früher wirklich verlief. Sicherlich hat es viele Entwicklungen und Änderungen gegeben. Wir können nicht annehmen, daß eine Neurose noch ebenso behandelt wird wie damals (oder daß überhaupt die Neurose noch die gleiche ist wie damals). Was aber den Diskurs über die Deutung betrifft, sieht es beinahe so aus, als hätte er keine Geschichte: Er wird heute in praktisch denselben Begriffen formuliert, in denen ihn schon Freud ausdrückte. Die Diskussionen über die Rolle des Ichs in der Deutung, über das Ja und das Nein, über die korrekten und die fehlerhaften Deutungen unterscheiden sich nicht sehr von denen der Wiener Psychoanalytischen Vereinigung (außer vielleicht durch die – heute viel geringere – Quantität der Phantasie und wissenschaftlichen Vitalität). Wenn man zu dem Teil der Geschichte zurückkehrt, den wir kennen, gewinnt man sogar den Eindruck, daß die Deutung in allen Wechselfällen der Theorienbildung und der therapeutischen Techniken einen stabilen Bezugspunkt dargestellt hat. Ungeachtet der begrifflichen Dunkelheit, von der ich im ersten Kapitel sprach, trugen ihre spezifischen Merkmale offensichtlich zu dieser Stabilität bei. Ihre Wurzeln reichen immerhin hinunter bis zur »Entdeckung des Unbewußten«, wie Ellenberger sagen würde, und bis zu der von Freud in bezug auf den Traum beschriebenen Dynamik: zwei Punkte, auf die nie jemand zurückgekommen ist. In den »Konstruktionen in der Analyse« definiert Freud diese methodologische Autonomie.

Laplanche und Pontalis (1973, S. 117f.) liefern in ihrem *Vokabular der Psychoanalyse* zwei Definitionen des Begriffs »Deutung«:

a) Aufdeckung der latenten Bedeutung der Worte und Verhaltensweisen eines Subjekts durch die analytische Untersu-

chung ... [Die Deutung] zielt letztlich auf den Wunsch ab, der sich in jeder Bildung des Unbewußten ausdrückt.
b) In der Behandlung: die dem Subjekt gemachte Mitteilung, um ihm zu dieser latenten Bedeutung Zugang zu verschaffen; dies geschieht nach den Regeln, die sich aus der Leitung und Entwicklung der Behandlung ergeben.

Diese zweifache Definition zeigt die möglichen Bedeutungen des Begriffs an: Eine, die wir die methodologische nennen könnten, ist diejenige, die auf die *Traumdeutung* zurückgeht. Auf sie berufen sich Laplanche und Pontalis. Die allgemeine Freudsche Hermeneutik wird von der Deutung als klinische Intervention unterschieden, die die zweite Bedeutungsebene des Begriffs darstellt. Diese Unterscheidung ist teilweise künstlich, aber nützlich. Tatsächlich gibt es Autoren, die sich mit der Psychoanalyse als Deutungsmodell beschäftigen, und zwar vom Standpunkt der Wissenschaftstheorie und Epistemologie aus. Für sie ist die Deutung die fundamentale Methode der Psychoanalyse; sie bezieht sich auf die Art und Weise, in der sich die Psychoanalyse dem ihr eigenen Gegenstand zuwendet. Andere dagegen interessiert die Deutung nur als spezifische klinische Intervention; sie beziehen sich auf das Modell des konkreten psychoanalytischen Handelns. In diesem zweiten Sinne ist der Begriff keineswegs eindeutig. Sandler, Dare und Holder (1973) führen nicht weniger als vier verschiedene Dinge an, die man gewöhnlich mit dem Wort »Deutung« bezeichnet, und dazu weitere sechs Arten von Interventionen, die von der Deutung im engeren Sinne unterschieden werden müssen. Loewenstein dagegen erklärt angesichts derselben Vieldeutigkeiten, die Definition der Deutung dürfe nicht starr sein (1951, S. 4). Ich werde mich hier zum Zweck der Darlegung an die Definition von Laplanche und Pontalis halten, die es mir erlaubt, diese kritische Übersicht in zusammenhängende Teile zu zerlegen (wenn auch die Verbindung zwischen der ersten und der zweiten von den französischen Autoren angeführten Bedeutung sehr eng ist). Ich habe die Freudsche Untersuchung vorangestellt, weil in ihr die beiden Bedeutungsebenen harmonisch koexistieren.* Ich werde nun die Beiträge anderer Autoren diskutieren, mit denen der zweiten Gruppe – Deutung als klinische Intervention – beginnen und dann auf die der ersten Gruppe zurückkommen. Erst dann werde ich versuchen, über die von Laplanche und Pontalis getroffene Unterscheidung hinauszugehen, damit sich diese Untersuchung gewissermaßen genau in die Mitte zwischen allgemeiner Methode und technischer Intervention einordnet.

Die Gruppe der auf die Deutung als klinische Intervention ausgerichteten Arbeiten setzt sich zusammen aus der Analyse des Konzepts auf operativer Ebene und aus Studien mit dem Ziel, den Deutungsprozeß in seine einzelnen Bestandteile zu zerlegen. Die Hauptziele sind dabei die Rekonstruktion dessen, was beim analytischen Prozeß geschieht, und die Aufstellung technischer Regeln durch die Diskussion und Klassifikation der möglichen Interventionen. Die verschiedenen Autoren haben den Deutungsprozeß unter verschiedenen Gesichtspunkten, das heißt in bezug auf verschiedene Probleme studiert. Wenn man das Rapaportsche Konzept des »Bezugsschemas« als Instrument der kognitiven Tätigkeit verwendet**, bemerkt man, daß die wichtigsten dieser Schemata folgende waren:

1. Das der Wirksamkeit/Unwirksamkeit der Deutung im Hinblick auf die therapeutischen Ziele (Strachey);

2. das der als »Gegenstand« der Deutung angenommenen Dinge – »Inhalte«, Widerstände, Übertragung – und der Prioritäten des einen gegenüber dem anderen (Fenichel, Reich, Kaiser und andere);

3. das der begrifflichen Differenz und, hypothetisch, der ver-

* In Wirklichkeit findet man immer seltener Untersuchungen, in denen die Verbindung zwischen der spezifischen Technik und der allgemeinen Methodologie sichtbar wird. Andererseits ist es unleugbar bequemer, die Arbeiten über die Deutung in zwei Gruppen einzuteilen, da die typische Eigenart der einen radikal genug von der anderen abweicht. Für die Zwecke der vorliegenden Untersuchung sind jedoch, wie man sehen wird, sowohl die von der ersten als auch die von der zweiten Gruppe erzielten Resultate brauchbar.

** Rapaport beschäftigt sich oft mit den »Bezugsschemata«. Im besonderen beschreibt er ihre Funktion in »Kognitive Strukturen«, einer Arbeit, die auch in Rapaport 1967 enthalten ist.

schiedenen operationalen Wirksamkeit von Deutung im strengeren Sinne und anderen zu ihr in Beziehung stehenden Interventionen (wiederum Strachey, Glover, Eissler);
4. das der allgemeinen logischen Struktur der psychoanalytischen Deutung (Paul, Levy, einige Wissenschaftstheoretiker).*

Selbstverständlich wird hier nur an die wichtigsten Beiträge erinnert. Der Stracheys, der auf das Jahr 1934 zurückgeht**, ist mit gutem Grund noch heute berühmt als ein Meilenstein auf diesem Weg. Soviel ich weiß, ist der Begriff der »mutativen Deutung« nicht mehr zur Diskussion gestellt worden; er wird bis heute als voll gültig akzeptiert. Es ist hier von Interesse, die Definition zu zitieren, die Strachey nach einer Zusammenfassung der Grundlinien der psychoanalytischen Theorie von dem Begriff Deutung gibt. Er schreibt:

»Ich werde vor allem einen schematischen Hinweis auf das geben, was ich unter mutativer Deutung verstehe ... und als Beispiel die Deutung eines feindseligen Impulses wählen. Kraft seiner (eng begrenzten) Macht als Hilfs-Überich erlaubt der Analytiker einer gewissen kleinen Energiemenge des Es des Patienten (in unserem Fall eines aggressiven Impulses), bewußt zu werden. Da der Analytiker der Natur der Dinge nach auch das Objekt der Es-Impulse des Patienten ist, wird deren Quantität, die nun Zugang zum Bewußtsein hat, bewußt gegen den Analytiker gerichtet. Das ist der kritische Punkt. Wenn alles gut geht, wird sich das Ich des Patienten des Gegensatzes zwischen dem aggressiven Charakter seiner Gefühle und der wahren Natur des Analytikers bewußt, der sich nicht so verhält wie die archaischen ›guten‹ oder ›bösen‹ Objekte des Patienten. Das heißt, der Patient wird sich eines Unterschieds zwischen dem archaischen Objekt seiner Phantasie und dem realen äuße-

* Siehe die in der Bibliographie – besonders unter Carnap – zitierten »Minnesota Studies«.

** Es handelt sich um die berühmte Schrift »The Nature of the Therapeutic Action of Psychoanalysis«, die ursprünglich im *Int. J. Psychoan.*, Vol. 15, 1934, erschien und in Paul (1963) abgedruckt wurde. Die Seitenangaben beziehen sich auf letzteres Werk.

ren Objekt bewußt. Es liegt nun eine Deutung vom mutativen Typ vor ...« (Strachey 1934, S. 19f.)

In diesem Schema unterscheidet Strachey sodann zwei Phasen der Deutung: eine in der es darum geht,

»einen Teil der Beziehung zwischen dem Es des Patienten und dem Analytiker kraft der Stellung des letzteren als Hilfs-Überich bewußt zu machen« (ibid., S. 21)

und eine zweite Phase, in welcher der Patient

»die Fähigkeit [besitzen muß], im kritischen Augenblick des Auftauchens der befreiten Energiemenge des Es im Bewußtsein zwischen dem Objekt seiner Phantasie und dem realen Analytiker zu unterscheiden« (ibid., S. 23).

Wie Strachey in einer Anmerkung sagt, sind einige der verwendeten Begriffe ungenau, aber in ihrer Gesamtheit ist die Definition epistemologisch korrekt. Die Argumentation entwickelt sich gänzlich innerhalb der psychoanalytischen Theorie ohne Zuhilfenahme von anderen Theorien entlehnten Begriffen und ist in diesem Sinne streng korrekt. Strachey gibt in der Folge zu, daß seine Auffassung der »mutativen Deutung« dazu führt, daß man als Deutungen im analytischen Sinne nur »die der Übertragung« betrachtet (ibid., S. 33f.). Der Autor unterscheidet diese von solchen »außerhalb der Übertragung«, ordnet letztere den erstgenannten im Sinne der Hierarchie der operativen Werte unter und geht dann zu einer Diskussion der therapeutischen Technik über, die hier nicht interessiert.

Strachey unternimmt also einen bedeutenden Schritt in Richtung der Definition des Begriffs Deutung. Er verknüpft sie mit der Übertragung (obgleich wir heute vielleicht lieber sagen würden, daß man *in* der Übertragung und nicht *die* Übertragung deutet). Die Verknüpfung ist in der Behauptung zu sehen, daß das Subjekt die fundamentale kognitive Leistung – die aus der Deutung eine »mutative« macht – in dem Augenblick vollbringt, in dem es ihm gelingt, zwischen dem Phantasie-Objekt und dem »realen« Objekt zu unterscheiden, wobei das reale Objekt der Analytiker ist. Daß Strachey dann die Existenz vieler anderer Interventionen einräumt, ändert nichts am Problem, so daß beispielsweise die Deutungen »außerhalb der Übertragung« entweder als wilde angesehen werden oder als vorbereitende Bestandteile der mutativen Deutungen. Auch die Feststellung, daß der analytische Prozeß von zahlreichen partiellen mutativen Deutungen durchsetzt ist (ibid., S. 36ff.), ändert nichts an der Struktur des Konzepts.

Stracheys Definition hat viele Implikationen. Zum Beispiel kann der Autor, obwohl er sich darüber im klaren ist, eine gewisse Vereinfachung nicht vermeiden. Wenn er den Begriff »Impulse« einführt, bezieht er sich auf etwas, was, in der Klinik, nicht immer unmittelbar als solches zu erkennen ist, das heißt als Abkömmling eines aggressiven Triebes (in seinem Beispiel). Oft gibt es jedoch einen vorausgehenden Augenblick in der Deutung: den nämlich, in dem ein verbales oder nichtverbales Verhalten des Patienten als Äquivalent des feindseligen Triebes gedeutet wird. Andere Autoren werden später auf diese Augenblicke anspielen (zum Beispiel Loch, 1965, in der Diskussion über den Unterschied zwischen Verstehen und Erklären in der Analyse). Levy seinerseits schließt diese Vorbereitung in seine »semantische Phase« mit ein, und wieder andere definieren diese Interventionen als »Konfrontationen«.* Doch all das ändert nichts an der Substanz des Arguments Stracheys, das nach meinem Dafürhalten seine volle Gültigkeit behält.

Eine weitere Implikation des Konzepts dieses Autors ist vielleicht komplexer. Bei aufmerksamer Lektüre sieht man – wie schon gesagt –, daß die Deutung an die Übertragung geknüpft ist, das heißt sie notwendigerweise einschließt. Aber das ist noch nicht alles. Damit sich die zweite Phase des Prozesses entfalten kann, welche die Intervention »mutativ« macht, ist es notwendig, daß in diesem Augenblick die kognitive Tätigkeit

* Einer der ersten, der den Begriff »Konfrontation« *(confrontation)* definierte, war Devereux (1951), abgedruckt in *Psychoanalytic Clinical Interpretation*, op. cit. Tatsächlich werden die »Konfrontationen« in der »semantischen Phase« Levys nicht berücksichtigt, aber sie könnten wahrscheinlich einen Teil davon bilden.

des Patienten diesem die Unterscheidung zwischen »archaischem Objekt« und »realem Objekt« zu erfassen erlaubt. Hier begibt sich der Autor dann auf die Ebene der technischen Vorschläge für den Analytiker (er darf sich weder dem »guten« noch dem »bösen« Objekt nähern; es folgt eine, meiner Ansicht nach potentiell mißverständliche Neuformulierung des Konzepts der analytischen Neutralität – siehe 4. Kapitel). Was aber zählt, ist, daß der Bezugspunkt des Symbols, das heißt die »reale« Person des Analytikers, als inneres und konstituierendes Element der Struktur des ganzen Prozesses behandelt wird. In einem weiteren Sinne liefert die Übertragung den sichtbaren Bezugspunkt – aber er gehört dem Teil der Beziehung an, die nicht Übertragung ist. Das ist nicht so selbstverständlich, wie es scheinen mag, besonders wenn man sich vor Augen hält, wie die Problematik des Symbols in der Psychoanalyse in Angriff genommen wurde.

Stracheys Arbeit ist denen zuzuordnen, deren Bezugsschema die Wirksamkeit/Unwirksamkeit der Deutung betrifft, aber sie ist vielleicht das einzige vollständige Beispiel in der psychoanalytischen Literatur überhaupt. Auch Fenichel (1935) scheint in dieser Richtung zu arbeiten, wenn er die Wirkung der Deutung mit der Verringerung der Widerstände in Verbindung bringt. Tatsächlich aber formuliert er nur Freuds »Ratschläge für den Arzt bei der psychoanalytischen Behandlung« (1912) neu. Es scheint, daß sich kein Autor imstande fühlte, die Frage des Ausmaßes der Wirkungen der Intervention im analytischen Sinne zu behandeln, vielleicht aus Angst, in eine grobe Empirie zu verfallen. Tatsächlich ist es leicht, einerseits die Argumente kausaler Natur und andererseits jene zu widerlegen, die psychiatrische Kriterien als Nachweis der Wirksamkeit der psychoanalytischen Intervention anführen.

Bei Strachey wird das Problem in den von der Theorie selbst konstruierten Begriffen behandelt, und es bleibt innerhalb der Theorie. In diesem Maße läßt sich seine Antwort verallgemeinern; sie kann sogar als Embryo einer Theorie der Veränderung psychoanalytischer Natur akzeptiert werden. Nebenbei bemerkt würde das bedeuten, daß die Psychoanalyse die Veränderung in den kognitiven Bereich verlegt. Die grundlegende Bedeutung der Frage (die den Rahmen dieser Diskussion sprengt und deshalb nur angedeutet wird) findet man einige Jahrzehnte später im Werk Widlöchers wieder, das ganz dem »Problem der Veränderung« gewidmet ist (Widlöcher 1968).

In der Untersuchung Stracheys kommt schließlich noch eine andere Frage zum Vorschein, nämlich die Frage der »Angstniveaus«, die mit der Deutung verbunden sind: Man kann für einen Augenblick befürchten, daß die Darlegung in ein banales therapeutisches Schema absinkt. Aber Strachey erfaßt intuitiv, daß die Antwort nicht in dieser Richtung zu suchen ist. Er befaßt sich nicht gründlicher damit, sondern zitiert die subtile Arbeit Freuds, *Hemmung, Symptom und Angst* (1926), und bezieht sich auf die darin diskutierte Metapsychologie der Angst und auf die möglichen Verbindungen zwischen ihr und der Deutung. Die Hypothese wird nur skizziert, aber sie scheint eine noch heute vielversprechende Forschungsrichtung anzuzeigen.

Das zweite der zitierten »Bezugsschemata« nach dem der Wirksamkeit/Unwirksamkeit, das heißt das »Was« der Deutung, war Gegenstand vieler Untersuchungen und einer langen Debatte, die in den dreißiger Jahren begann. Es handelte sich um die ersten ins einzelne gehenden Diskussionen über die Technik: Tatsächlich wird die Deutung in diesem Bezugsschema zu einem technischen Problem im engeren Sinne. Man diskutiert darüber, wie sie orientiert sein müsse, welche der klinischen Phänomene zuerst zu deuten seien, man spricht von Prioritäten und Wertskalen. Unter diesem Gesichtspunkt stammen nach den Arbeiten Freuds die vielleicht wichtigsten Beiträge von Reich, der über die Beziehungen zwischen Deutung und »Charakterabwehren« schreibt (nicht zufällig eine Arbeit, die vor der *Charakteranalyse* als Untersuchung für sich erscheint*), von H. Kaiser (1934) und von Fenichel (1935).** Um dieses Argu-

* Reichs Schrift »Zur Technik der Deutung und der Widerstandsanalyse« stammt aus dem Jahre 1927, während die *Charakteranalyse* 1933 in der ersten deutschen Ausgabe erscheint.

** Fenichels »Concerning the Theory of Psychoanalytic Technique« setzt sich

ment rasch zu erledigen, kann man mit Menninger (1977, S. 163) sagen:

»Jahrzehntelang gab es lebhafte Debatten zwischen Verfechtern der *Widerstands*deutung, Verfechtern der *Übertragungs*deutung und Verfechtern der *Inhalts*deutung. Nach unserer Auffassung kann dieser Disput mit einem Satz aus der Welt geschafft werden: alle drei Arten sind zu verschiedenen Zeiten notwendig.«

Was Menninger sagt, ist vermutlich wahr; aber er läßt weder der Komplexität der Debatte noch der Tatsache Gerechtigkeit widerfahren, daß während dieser Diskussionen, die durch eine spezifische Frage angeregt wurden (Was soll man als erstes deuten?), tatsächlich die fundamentalen Kriterien der analytischen Technik aufgestellt wurden. Es mag genügen, einen Punkt anzuführen: Die Auflehnung Fenichels (1935) gegen Stekels Idee, »das Unbewußte zu deuten«, sollte in der Folge von anderen fortgesetzt werden, manchmal als Argument gegen die Konzeption von Susan Isaacs (1939)*, bis schließlich Sandler in jüngerer Zeit zugeben mußte, daß die von Isaacs beschriebene Technik »zumindest höchst anfechtbar« ist (1973, S. 105). Man erkennt hier leicht den Kampf zwischen »Ich-Analytikern« und anderen. Aber ohne uns noch lange mit der Frage aufzuhalten, können wir feststellen, daß die technische Problematik schon lange vor den Polemiken jüngeren oder gegenwärtigen Datums eine Reihe von schwer widerlegbaren Antworten fand. Die Sorgfalt, mit der die von diesen Autoren diskutierten technischen Kriterien auf ihre metapsychologische Rechtfertigung geprüft wurden, findet man allerdings in den jüngeren Arbeiten in dieser Form nicht mehr. Man braucht, um sich davon zu überzeugen, nur zu lesen, was Fenichel über Reich

vor allem mit der Arbeit Kaisers auseinander. Fenichel beschäftigt sich mit der Frage dann noch einmal in »Problems of Psychoanlytic Technique« (1941).

* Die Arbeit von Susan Isaacs, eine der wenigen über dieses Thema im Bereich des Kleinschen Denkens, wurde in der Folge häufig diskutiert und manchmal kritisiert wegen ihrer geringen Genauigkeit auf der operativen wie auf der begrifflichen Seite.

oder über die Deutung »vom strukturellen Standpunkt aus« geschrieben hat.

Für die Zwecke der vorliegenden Untersuchung lassen sich nur wenige der in dieser Debatte entwickelten Punkte verwenden. Das Bemühen, eine Technik zu schaffen, wie sie bis dahin nur in Freuds Arbeiten vorhanden war, die zwar ihre allgemeinen Umrisse, nicht aber die Einzelheiten zeichneten, erlaubte diesen Autoren nicht, auf das methodologische Problem zurückzukommen. Unseren Anmerkungen über die logische Struktur des Deutungsprozesses ist praktisch nichts hinzuzufügen. Nach Strachey ist der Formulierung der »mutativen Deutung« nichts Wesentliches hinzugefügt oder weggenommen worden. Zusammen mit der Frage, »was« zu deuten sei, und der Frage der Prioritäten der deutbaren Dinge bleibt auch die Problematik des »Timings« der Deutungen, wie sie von Devereux (1951) und anderen angeschnitten wurde, im Rahmen der Diskussion über die Technik.

Das dritte der hier verwendeten Bezugsschemata ist das des begrifflichen Unterschieds und der unterschiedlichen Wirksamkeit der Deutung im engeren Sinne und anderen, zu ihr in Beziehung stehenden Interventionen. Manche Autoren waren darauf bedacht, eine Reihe verschiedener analytischer Interventionen begrifflich zu definieren. Das vielleicht längste Verzeichnis der verschiedenen möglichen Interventionstypen liefern Sandler, Dare und Holder (1973, S. 102):

1. Instruktionen über das analytische Verfahren, die dazu dienen, das analytische Setting zu schaffen oder aufrechtzuerhalten.

2. Konstruktionen (oder Rekonstruktionen) bestimmter Aspekte des frühen Lebens und Erlebens des Patienten, die aus dem Material abgeleitet sind, das der Patient in der Analyse mitteilte oder handlungsmäßig inszenierte.

3. Fragen, mit deren Hilfe Material gewonnen oder erhellt werden soll.

4. Vorbereitungen für Deutungen (z. B. Hinweise auf wiederkehrende Erlebnis- oder Verhaltensmuster im Leben des Patienten).

5. Konfrontation im Sinne Greensons.
6. Klärungen im Sinne Greensons.

Wenn es eine Initiative dieser Autoren ist, die Punkte 1, 2 und 3 unter die analytischen Interventionen aufzunehmen, so muß um der Wahrheit willen gesagt werden, daß Punkt 4 schon von vielen anderen beschrieben wurde, die allgemein von ebensolchen vorbereitenden Phasen oder Momenten der Deutung sprachen, allen voran der alte Strachey. Zu Punkt 5 ist zu sagen, daß auch Greenson nur einen schon von Devereux geprägten Begriff wiederaufnahm. Schließlich müßte man, wenn man die Dinge schon unter diesem Gesichtspunkt sieht, auch die »Parameter« Eisslers in die Liste aufnehmen, was beispielsweise Menninger (1977) tut. Aber das sind Detailfragen. Ein einziger Punkt scheint mir wichtig zu sein, weil er den schon besprochenen Sinn des Freudschen Werkes zu entstellen droht: Ich halte es nicht für richtig, die »Konstruktion« *neben* die Deutung zu stellen. Es handelt sich um einen Begriff, den Freud, weil er umfassender ist, offensichtlich an die Stelle von Deutung setzen wollte.

Jedenfalls scheint mir die Anwesenheit all dieser verschiedenen Elemente in der klinischen Situation außer Frage zu stehen. Wenn die Forschung in dieser Richtung weiterginge, könnte man wahrscheinlich auch andere Punkte beschreiben. Aber das Wichtigste ist, daß beinahe alle zitierten Autoren auf die Notwendigkeit hinweisen, den Augenblick der Deutung im engeren Sinne von allen anderen Augenblicken der Analyse zu unterscheiden, weil sie der Ansicht sind, daß letztere im Grunde die Funktion haben, die Deutung zu erlauben, zu erleichtern oder vorzubereiten. Mit anderen Worten, es herrscht Übereinstimmung in bezug darauf, daß die Deutung in der Wertskala der psychoanalytischen Technik den ersten Platz einnimmt und daß ihr jedes andere Moment des Prozesses untergeordnet werden muß. Nach Ansicht vieler kann man behaupten, daß gerade diese Rangordnung die Psychoanalyse von anderen therapeutischen Techniken unterscheidet. Auch als »Außenstehender« beschreibt Stokvis (1972) die Psychoanalyse als den »Prototyp der deutenden Therapien«. Allerdings wird in diesen Diskussionen über die Technik gewöhnlich als selbstverständlich angenommen, daß der Begriff der klinischen Deutung klar und eindeutig sei. Es wird jedoch noch lange nicht möglich sein, in dieser Diskussion andere Bedeutungen zu erfassen.

Das vierte der vorgeschlagenen Bezugsschemata ist das der Studien über die allgemeine logische Struktur der psychoanalytischen Deutung. Es ist der Schritt, der diese Argumentation ihrer nachfolgenden Phase am nächsten bringt, in der die Beiträge der eigentlichen allgemeinen methodologischen und epistemologischen Ordnung diskutiert werden sollen. Hier müssen zwei Autoren genannt werden, die sich am meisten mit dem Argument befaßt haben: Paul in psychoanalytischer Hinsicht und Levy vom Standpunkt der wissenschaftlichen Psychologie aus.

Louis Paul (1963) versucht, den Begriff Deutung zu definieren. Er unterscheidet zwei formale, »syntaktische«, Typen der Deutung: die kausale und die nichtkausale. Wenn er auch andere Arten von analytischen Interventionen anführt, die er eben einfach allgemein »Interventionen« *(interventions)* nennt, so macht er sich nicht die Mühe, sie voneinander zu unterscheiden. Dagegen legt er großen Wert auf die Einteilung der Deutung in zwei Typen oder Kategorien.

Was versteht Paul unter »kausalen« und »nichtkausalen« Deutungen? Er schreibt:

»Die Deutungen vom Typ I, die nichtkausalen, sind diejenigen, die die am stärksten vorherrschenden *(prepotent)* vorbewußten Verhaltensweisen oder nicht erkannte Elemente der äußeren Realität bezeichnen. Die Deutungen vom Typ II, die kausalen, fügen den Feststellungen vom Typ I etwas hinzu, was dazu angetan ist, das genannte Verhalten zu erklären, wobei die Hinzufügung oft mit dem Wort ›weil‹ oder einem seiner Synonyme eingeleitet wird« (Paul 1963, S. 252).

Den Begriff »Deuten« selbst definiert Paul als

»etwas oder jemanden identifizieren, klassifizieren, bezeichnen, beschreiben, benennen, spezifizieren, etikettieren, konstruieren oder übersetzen« (ibid., S. 253).

Er behauptet, daß diese Ausdrücke die Definition Freuds präziser wiedergäben. (»Deuten heißt einen ›Sinn‹ angeben.«) Mir scheint, diese Behauptung würden viele anfechtbar finden. Wir haben schon gesehen und werden später noch sehen, wie viele Argumente sich der Vorstellung von Deutung als einer bloßen, einfachen Benennung oder Übersetzung von etwas entgegenstellen.

Interessant bleibt dennoch die Unterteilung Pauls in die beiden Typen von Deutung. Die verschiedenen Interventionen, die andere getrennt aufgelistet haben, sind für Paul in seinem »Typ I« enthalten. Er vermeidet absichtlich den Ausdruck »Konfrontation«, nimmt aber unter den »Typ I« die Beschreibung dessen auf, was der Patient tut, ferner die Beispiele, die ihm für ein bestimmtes Verhalten vorgeschlagen werden, und die Beziehungen verschiedener Verhaltenstypen untereinander (S. 256). Da der »Typ I« auch die Dinge der »äußeren Realität« umfaßt, die der Patient nicht klar sieht und die dazu dienen, viele Zusammenhänge herzustellen, betrachtet Paul die Interventionen dieses Typs als nützlich für die Erlangung der Einsicht *(insight)* »durch die Erklärungen« (S. 258). Die Deutungen vom Typ II sind für Paul solche, die die Intervention vervollständigen, indem sie dem Patienten die Ursache dessen zeigen, was besprochen wird. Daher, schreibt der Autor, umfaßt das Idealmodell einer Deutung vom Typ II:

1. Eine Beschreibung seines Verhalten [d. h. des Patienten] (Gebärden, Einstellungen, Gefühle, Assoziationen, Angst, Symptom, Neigung, Abwehrmechanismus, Stimmung etc.), die es spezifisch benennt.

2. Das fehlende vorbewußte verhältnismäßige Verbindungsglied, das verdrängt wurde [*warded-off*, wörtlich »abgewehrt«: es ist nicht ganz klar, ob Paul »verdrängt« oder »unterdrückt« meint], und zwar entweder in der gegenwärtigen Situation oder in der vergangenen Lebensgeschichte, in der das Verhalten gegenwärtig eingekapselt ist oder aus der es sich letzten Endes herleitet. Das heißt, das Verhalten wird durch die Einführung des fehlenden Verbindungsgliedes verständlich gemacht [*it makes sense*].

3. Die triebhaften oder Wunsch/Abwehr-Funktionen des Verhaltens, und
4. Eine unvollständige kausale Erklärung und die Verbindung zwischen den vorgenannten Elementen (S. 259).

Dies sind die Hauptpunkte einer Diskussion, in die Paul die Begriffe der Einsicht, des analytischen Durcharbeitens *(working-through)*, der Konstruktion bei Freud und viele andere einführt. Er beweist zweifellos Gewissenhaftigkeit und Genauigkeit. Auf den ersten Blick kann es sogar den Anschein haben, daß sein Kriterium das Problem ein für allemal löst: Wenn auch viele der Interventionen vom Typ I, das heißt der nichtkausalen, nützlich sind, um die Einsicht zu erlangen oder zu verbessern, so sind für ihn die vom Typ II, die kausalen, das definitive Modell der vollständigen analytischen Intervention. Sie sind daher die echten Deutungen. Somit hätte man eine umfassende, einfache und klare begriffliche Definition der Deutung und verfügte folglich über ein leicht zu handhabendes Instrument, um sich in der analytischen Technik zu orientieren. Die Wirksamkeit der Interventionen könnte anhand des Kriteriums ihrer größeren oder kleineren »kausalen« Komponente gemessen werden.
Pauls Logik soll jedoch näher untersucht werden. Sein Ausgangspunkt ist die Annahme, daß das einfache Kausalitätsprinzip – ein Ding verursacht ein anderes – im Modell der psychoanalytischen Deutung vorhanden sei; anders gesagt, die Annahme, daß Deuten soviel heißt wie die Ursachen bestimmter Verhaltensweisen oder Gebärden oder Äußerungen erkennen. Läßt man diese Annahme gelten, so ist Pauls ganze Argumentation stichhaltig: aber ebendas ist der strittige Punkt. Es erscheint mir überflüssig, die zahlreichen Autoren zu zitieren, die – wie ich meine, mit aller Entschiedenheit – klargestellt haben, daß die einfache Kausalität nichts mit der psychoanalytischen Deutung zu tun hat. Ich kann auch auf die vorausgegangene Diskussion über Freuds »Konstruktionen in der Analyse« verweisen, und später, wenn ich mich mit der Diskussion über »Verstehen« und »Erklären« in der Psychoanalyse befasse, wird

sich zeigen, daß nicht nur die Wissenschaftstheoretiker, sondern auch Psychoanalytiker wie Lorenzer und Loch im kausalen Modell die typische paläopositivistische Argumentation der Naturwissenschaften sehen und verneinen, daß sie für die Psychoanalyse zutrifft. Paul ist sich tatsächlich auch dessen bewußt, daß es schwierig ist, das Prinzip der direkten Kausalität in das analytische Denken einzuführen, ja er spricht sogar von einem *loose causal account,* das heißt von etwas, was eine allgemeine, unbestimmte, aber nicht zwingende kausale Verbindung anzeigt, und versucht, sich in dieser Frage vorsichtig auszudrücken. Gleichzeitig macht er daraus aber die Grundlage seiner Unterteilung und gerät damit in Widerspruch zu sich selbst. Zum Beispiel: Wenn es zutrifft, daß die Deutung vom Typ II mit ihren kausalen Verbindungen die einzige ist, die es dem Patienten gestattet, die vorbewußten Aspekte des eigenen Verhaltens zu begreifen (das Wort »Verhalten« wird von Paul im weitesten Sinne gebraucht), wie kann dann eine »nichtkausale« Konfrontation mit irgendeinem Element der äußeren Wirklichkeit dieses Element für jemanden erkennbar machen, der es vorher nicht erkannte? Aber ebendas ist die von Paul beschriebene Technik für Deutungen vom Typ I. Doch nicht nur deshalb scheint mir Pauls Analyse unhaltbar zu sein. Der Autor beruft sich mehrmals auf Freud, aber er entwickelt keine Argumentation auf der Basis der Logik des analytischen Prozesses, wie er in den Werken Freuds beschrieben wird. Er beschränkt sich darauf, das einfache Kausalitätsprinzip in einer im wesentlichen deskriptiven Behandlung der analytischen Situation zu übernehmen. Es ist interessant zu sehen, wie das schwache methodologische Fundament auch den Klassifizierungsversuch Pauls entkräftet. Im übrigen war seine Arbeit gerade deshalb eine Diskussion wert: Es zeigt sich, wie kurzatmig eine Darstellung der psychoanalytischen Deutung sein kann, wenn diese auf der Grundlage des Prinzips der direkten Kausalität erklärt wird.

Leon H. Levy (1963) nähert sich der Problematik der Deutung unter dem Gesichtspunkt der wissenschaftlichen Psychologie. Die Psychoanalyse spielt in seiner Darstellung insofern eine

Rolle, als sie ein eigenes Deutungsmodell liefert, aber das Thema wird im Hinblick auf die Deutung in der Psychologie von den projektiven Tests bis zur allgemeinen psychotherapeutischen Tätigkeit behandelt. Nachdem er mit der Vorstellung aufgeräumt hat, daß Deuten soviel heiße wie eine objektive Wahrheit suchen (eine grundlegende Klarstellung), versichert Levy, daß praktisch jede Tätigkeit des Psychologen von einem anfänglichen deutenden Element ausgeht. Das heißt, daß es keine Psychologie ohne Deutung gibt; eine These, der man nicht leicht widersprechen kann. Levy befaßt sich sodann damit, die Logik des Deutungsprozesses im allgemeinen zu erhellen und eine Art Metatheorie der Psychologie oder, genauer gesagt, der Deutung zu konstruieren. Auch wenn die Psychoanalyse eine hervorragende Stellung in seiner Darlegung einnimmt, entwickelt sich diese doch, ohne Begriffe zu gebrauchen, die nicht der – nicht-psychoanalytischen – wissenschaftlichen Psychologie entnommen sind. Mit anderen Worten, Levy verwendet konsequent sein eigenes Forschungsinstrument und bedient sich nicht anderer, um sein Argument vorzutragen.
Die Untersuchungen Levys sind von bemerkenswerter Brauchbarkeit für das Verständnis einiger sprachlicher und logisch-formaler Voraussetzungen der Deutung in der Psychoanalyse. Es handelt sich um eine Arbeit, auf die in der Folge viele Autoren aus den Kreisen der Psychoanalytiker zurückgreifen. Die Theorien, auf die sich Levy beruft, sind hauptsächlich die der Semiotik (im allgemeinen Sinne) und der Kommunikation und die Theorie der Veränderung Festingers. Für Levy (1963, S. 7) besteht die psychologische Deutung

»im wesentlichen darin, daß sie ein alternatives Bezugsschema oder sprachliches System, das eine Gesamtheit von Beobachtungen und Verhaltensweisen umfaßt, zu dem Endzweck liefert, sie der Manipulation zugänglicher *(more amenable to manipulation)* zu machen«.

Es handelt sich also vor allem darum, etwas aus einem Sprachschema in ein anderes zu übersetzen, um eine Veränderung herbeizuführen. Und so gibt sich Levys Modell neutral gegen-

über der »Wahrheit«: Es geht nicht darum zu verstehen, »was das wirklich ist«, was man deutet, sondern darum, etwas, was gewöhnlich einem bestimmten sprachlichen Bereich angehört, in einen anderen zu übersetzen, nämlich in den einer spezifischen wissenschaftlichen Theorie. Psychologische Theorien werden als tendenziell alles umfassende Sprachsysteme gesehen, in dem Sinne nämlich, daß sie imstande sein müssen, die denkbar umfangreichste Skala von zu ihrem Beobachtungsgebiet gehörenden Phänomenen in ihr System einzuschließen. Die Notwendigkeit, solche Theorien aufzustellen, ergibt sich für Levy aus dem Zweck, den alle psychologischen Deutungen gemein haben: die beobachteten Verhaltensweisen zu ändern. (Über diese Annahme ließe sich diskutieren; Levy entwickelt sie auf überzeugende Weise.) Der teleologische Aspekt der Deutung ist somit der fundamentale. Die Wirksamkeit im Hinblick auf die Veränderung stellt die eigentliche Legitimation dieser psychologischen Theorie dar, die das alternative sprachliche Modell liefert (sagen wir: die Psychoanalyse). So ist es beispielsweise legitim, in der psychoanalytischen Sprache ein bestimmtes Verhalten als »aggressiv« zu bezeichnen, insofern als diese Bezeichnung dazu beiträgt, dieses und andere Phänomene in die sprachliche Welt der Psychoanalyse einzuordnen; das heißt, unter der Bedingung, daß diese Einordnung Früchte trägt in Form von Veränderungen, die durch eine aus dieser Theorie abgeleiteten Technik herbeigeführt werden. Levys methodologische Ausrichtung ist also operationaler Natur.
Die Deutung wird von ihm gesehen als

»ein Beispiel für die Errichtung eines sprachlichen Systems, desjenigen des Deutenden, gegenüber einem anderen, dem des Patienten ... Die brauchbaren Kriterien für die Bewertung der Deutungen sind ihre Übereinstimmung mit der Theorie, aus der sie sich herleiten, und mit den Beobachtungen, auf die sie angewandt werden, sowie ihre Wirksamkeit bezüglich der Herbeiführung der gewünschten Änderungen« (S. 29).

Es gibt zwei Aspekte oder Hauptmomente des Deutungsprozesses: einen sogenannten »semantischen« und einen »propositionalen«. Die semantische Phase ist für Levy diejenige, in der die Daten aussortiert und Kategorien von Ereignissen zugeordnet werden, die im sprachlichen System des Deutenden enthalten sind. Eine Gebärde, beispielsweise, kann auf verschiedene Arten gedeutet werden: die von Mal zu Mal gewählte Deutung wird den semantischen Klassifikationen entnommen, die dem sprachlichen System einer Theorie angehören.

»Zu entscheiden, ob eine bestimmte Gebärde als feindselig oder nicht betrachtet werden kann, ist ein semantisches Problem, denn es hängt von der Übereinstimmung dieser Gebärde mit den Kriterien dieser Bestimmung nach den von uns akzeptierten Regeln ab« (S. 32).

Der Punkt, der in der Diskussion über Strachey nicht klar ist, entspricht für Levy ebendieser »semantischen Phase« der Deutung. Es handelt sich also nicht um eine feindselige Gebärde an sich, deren wahre Natur durch die Deutung offenbar wird, sondern um eine Definition »feindseliger Gebärden« als Kategorie von Ereignissen innerhalb einer Kodifikation, die der Deutende (nicht notwendigerweise auch der Patient) auf der Grundlage der zuvor erwähnten Kriterien als legitim anerkennt.

»In keiner Weise steht die Wahrheit zur Diskussion; wir können nur über die Annehmbarkeit der Regeln und die Korrektheit ihrer Anwendung diskutieren« (S. 32).

Levys »semantische Phase« umfaßt ihrerseits eine Reihe von logisch voneinander unterschiedenen Momenten (Analyse, Abstraktion und Aktion). Bezüglich ihrer – sehr interessanten – Diskussion muß auf seine Schrift verwiesen werden. Die »propositionale Phase« ist diejenige, in der die in der ersten Phase gesammelten und behandelten Elemente dazu verwendet werden, bedeutungsvollere und leichter zu verallgemeinernde Formulierungen und Hypothesen innerhalb der Theorie zu schaffen, auf die sich der Deutende bezieht. Auch diese Phase bietet sowohl eine Reihe logisch verschiedener Aspekte, die vom Autor eingehend analysiert werden, als auch eine eigene spezifische Entwicklung. Zwischen der semantischen und der propositionalen Phase bestehen wesentliche Unterschiede. Während man in der ersten nur die Übereinstimmung der »Übersetzungen« einerseits mit den beobachteten Phänomenen und andererseits mit den Kriterien der Theorie und ihrer Semantik zu überprüfen braucht, ist in der zweiten Phase eine empirische Verifikation möglich (zum Beispiel mittels der bekannten Momente der »Vorhersage« und der »Nachhersage«). Überdies ist die propositionale Phase enger an die Struktur der Theorie dieser Semantik gebunden. So gehören beispielsweise die in der Psychoanalyse verwendeten »Propositionen« [d. h. Aussagen oder Urteile] ganz den theoretischen Formulierungen der Psychoanalyse selbst an (»Diese Frau identifiziert sich mit ihrer Mutter«), während die semantischen Übersetzungen auch in der Psychoanalyse einer allgemeineren psychologischen Sprache angehören können (»Diese Gebärde hat eine aggressive Bedeutung«).

Wie man sieht, bezieht Levy ganz rigoros die operationale Position. Sie bietet gewiß viele Vorteile, wie seine Darstellung zeigt, die ich hier zusammenzufassen versuchte und die weit mehr Raum erfordern würde, um gründlich diskutiert zu werden. Ihre Grenzen werden jedoch in den weiteren Ausführungen Levys sichtbar, zumindest was die Psychoanalyse betrifft. Wie schon gesagt, rechtfertigt der Autor den Deutungsprozeß aufgrund einer Teleologie der Veränderung. Das heißt, die Deutung hat den einzigen Zweck, eine Veränderung dessen herbeizuführen, was gedeutet wird (zum Beispiel ein Verhalten). Dieser Standpunkt zwingt Levy zu dem Versuch, die verändernde Wirkung der Deutung in den operationalen und auf die Kommunikationstheorie bezogenen Begriffen selbst zu erklären und eine Verallgemeinerung des Begriffes der Veränderung in der Psychologie zu versuchen. Da er die psychoanalytische Theorie mit ihren Modellen der Veränderung nicht verwenden kann, übernimmt Levy hier die »Theorie der kognitiven Dissonanz« von Festinger, einem Sozialpsychologen, dessen Werk in den sechziger Jahren in den Vereinigten Staaten Verbreitung fand.

Für Festinger wird die Veränderung, auf der kognitiven Ebene, durch die Neigung des Menschen hervorgerufen, ständig jede mögliche Dissonanz innerhalb der kognitiven Systeme zu reduzieren, die er von Mal zu Mal in seiner Beziehung zur Wirklichkeit konstruiert. Dieses Modell hat, für sich genommen, einen unzweifelhaft idealistischen Charakter insofern, als es nicht alle »materiellen« Faktoren der kognitiven Veränderung in Betracht zieht, die beispielsweise Habermas in seinen erkenntnistheoretischen Schriften klärt. Aber auch mit dieser Einschränkung aufgrund der Verankerung in der klassischen Theorie der kognitiven Tätigkeit hat Festingers Modell den Vorzug, daß es eine weitgehend generalisierbare Definition liefert. Was die Psychoanalyse betrifft, steht fest, daß die Deutung dissonante Elemente in das vorhandene und in diesem Augenblick konsonante kognitive System des Individuums einführt. Das ist tatsächlich von Freud selbst in der Erörterung des manifesten und latenten Trauminhalts als Theorie vorgebracht worden. Es läßt sich aber leicht feststellen, daß die Theorie der kognitiven Dissonanz keineswegs als eine umfassende Neuformulierung der psychoanalytischen Theorie der Deutung betrachtet werden kann – und ebensowenig der Theorie, welche die Psychoanalyse über die kognitive Tätigkeit des Menschen entwickelt hat. Vor allem macht das Fehlen des Unbewußten (der unbewußten Eigenschaft psychischer Elemente) die Verallgemeinerung Festingers, so suggestiv sie auch ist, unbrauchbar für eine Argumentation, die sich innerhalb der psychoanalytischen Theorie entwickelt.

Zum Werk Levys dagegen trägt die Forschung Festingers entscheidend bei, weil sie ihm das noch Fehlende liefert. Man muß sich daher vor der Gefahr hüten, die Forschung Levys unkritisch zu übernehmen, da die psychoanalytische Deutung nicht vollkommen in seinem Schema aufgehen kann – es sei denn um den Preis einer entstellenden Einschränkung. Einige Punkte dieser Arbeit scheinen mir jedoch besonders wichtig zu sein. Erstens das erwähnte Argument bezüglich der Neutralität der Deutung angesichts des Problems der »Wahrheit«. Zweitens: Levy erhellt meiner Meinung nach auf entscheidende Weise einige Aspekte der Rolle der wissenschaftlichen Fachsprache sowohl für die Bildung der Theorie als auch für die Logik der Deutung. In seiner Darstellung der beiden Phasen des Deutungsprozesses stellt er fest, daß die Psychoanalyse die Daten der Beobachtung nicht so verwendet, wie sie sind, aber dennoch nicht auf die direkte Beobachtung verzichtet. Man könnte sagen, daß es für Levy »rohe« Daten sind, die in der semantischen Phase vorbehandelt werden; in der propositionalen werden sie dann für die definitiven Formulierungen verwendet als Daten, die schon aufgrund eines Einverständnisses zwischen den Personen behandelt wurden, die die therapeutische Beziehung bilden. Die in der Folge dem Patienten vermittelte Deutung leitet sich letzten Endes von den definitiven Fomulierungen der propositionalen Phase her. Stark synthetisch zusammengefaßt, ist dies ein Punkt, über den auch einige Wissenschaftstheoretiker, im besonderen die Vertreter des logischen Empirismus, einiges zu sagen hatten* und der in der Diskussion über die Deutung eine große theoretische Bedeutung beibehält. Nach dieser Diskussion gilt es nun, mit der Zusammenfassung der bis heute verfügbaren Beiträge fortzufahren.** Wie ich bereits sagte, handelt es sich nun darum, sich mit der Arbeit der Autoren auseinanderzusetzen, die sich mit der psychoanalytischen Deutung im allgemeinen methodologischer und epistemologischer Zusammenhänge beschäftigten. Das Argument verlagert sich daher auf eine andere Ebene. Man wird auch die Beiträge der Philosophie untersuchen müssen, denn in den letzten Jahren sind auf diesem Gebiet einige Probleme diskutiert worden, die hier nicht ignoriert werden können. Das wird jedoch nichts ändern an den Bezugspunkten dieser Untersuchung, die sich auf das spezifisch Psychoanalytische beschränkt.

* Siehe im besonderen Hempel (1974).

** Neben den schon zitierten wurden folgende Werke konsultiert: Freud, »Formulierungen über die zwei Prinzipien des psychischen Geschehens«, *G. W.*, Bd. VIII (1911) und »Das Interesse an der Psychoanalyse«, *G. W.*, Bd. IV (1913); Alexander (1925); Glover (1931); Kris (1951); Stefania Manfredi Turilazzi (1974); Reik (1933); Schmidl (1955); Stengel (1951); Editha Sterba (1945).

III
Beiträge zur Theorie der Deutung als Methode

Wenn man die Diskussion über die Deutung über den engsten Sinn des Wortes hinaus im allgemeinen Kontext der psychoanalytischen Theorie verfolgt, stößt man sofort auf das Werk Rapaports.* Seine imponierende Bemühung um eine Systematisierung hat meiner Ansicht nach hauptsächlich zwei Wirkungen gehabt. Einerseits öffnete sie den Weg zu einer exakten und sachlichen Überprüfung des gesamten Werkes Freuds, denn die Struktur der Theorie enthüllte, sobald sie einmal in all ihren wesentlichen Voraussetzungen geprüft wurde, sowohl ihre Stärken als auch ihre Inkohärenzen: Damit tat sich ein bis dahin praktisch unerforschtes Gebiet auf. Andererseits stellte die Arbeit Rapaports eine Wende in der Geschichte der Psychoanalyse dar. Zum erstenmal fand eine alte Ambition Freuds, nämlich der *Entwurf einer Psychologie*, eine Art Verwirklichung, wenn auch in einer anderen Richtung, als es sich Freud damals vorstellte. Die Psychoanalyse wurde tatsächlich *in toto* als wissenschaftliche Psychologie diskutiert und behandelt, ja sogar hinsichtlich der Frage, wie weit sie in der gegenwärtigen Situation das zusammenhängendste und vollständigste Modell einer wissenschaftlichen Psychologie abgeben kann. Wir wissen, wie viele Diskussionen diese Stellungnahme Rapaports vor einigen Jahrzehnten in der Welt der Psychologie und Psychiatrie ausgelöst hat. Hier interessiert jedoch, wie weit in diesem

* Das Hauptwerk ist natürlich die *Struktur der psychoanalytischen Theorie* (1959). Was aber den eigentlichen Wendepunkt anbetrifft, zeigt sich Rapaports Einstellung zur Psychoanalyse als Modell einer wissenschaftlichen Psychologie und zu den Beziehungen zwischen akademischer Psychologie und Psychoanalyse vielleicht noch klarer in anderen Arbeiten aus den *Collected Papers* (1967).

Rahmen auch das spezielle Problem der psychoanalytischen Deutung indirekt in Angriff genommen wurde, in einem Rahmen also, in dessen Mittelpunkt die wissenschaftliche Psychologie steht, von der Rapaport selbst herkam.

Von der Deutung im engeren Sinne spricht Rapaport, um die Wahrheit zu sagen, nicht direkt. Er klärt jedoch mit seinem berühmten Verzeichnis der »Standpunkte« (Rapaport 1959) die begrifflichen Voraussetzungen der Deutung selbst. Tatsächlich muß die Überprüfung des systematischen Bezugsrahmens, der sich aus dem Freudschen Werk ergibt, zwangsläufig zu einer gleichermaßen systematischen Überprüfung der in der Klinik durchgeführten Interventionen und vor allem der Deutung führen. Was der Analytiker tut, muß einheitlich und in seiner Gesamtheit gesehen werden; und in diesem Sinne bemüht sich Rapaport, die Kriterien zu liefern, die es auf der Basis der Struktur der Theorie gestatten, das Tun des Analytikers in den Begriffen der Theorie selbst zu verstehen.

Diese Feststellungen führen zu einer ersten Schlußfolgerung, die für das Problem der Deutung besonders wichtig ist. Es kann nur in einem präzisen begrifflichen und theoretischen Bereich behandelt werden. Die psychoanalytische Theorie kann sicherlich unter ihr selbst fremden Gesichtspunkten diskutiert werden. So kann, zum Beispiel, wie wir noch sehen werden, ein Philosoph den Beitrag der Psychoanalyse zu einer Reihe von Problemen behandeln, für die er zuständig ist. Wenn man aber den spezifischen Sinn der in der Analyse durchgeführten Operationen näher erfassen will, kann man der epistemologischen Frage nicht ausweichen.

Seit Rapaport wissen wir, es zählt vor allem die innere Kohärenz in bezug auf das theoretische System und nicht die Wahrscheinlichkeit oder gar die »Wahrheit« der Feststellungen (Deutungen). Die Beziehungen zwischen »Beobachtungen« und »Begriffen«, schreibt Rapaport,

»ist allen Wissenschaften gemeinsam: *Beobachtungen weisen theoretische Beziehungen nur für jene auf, die das Beobachtete schon in Begriffen der Theorie erfassen*« (1959, S. 88).

Rapaport bezieht sich auf die Begriffsbildung, aber was er sagt, kann man ohne weiteres auch hinsichtlich der Deutung sagen, insofern nämlich, als sie eben gerade das begriffliche Bezugsschema voraussetzt und aus ihm die Instrumente für die Verifikation ihrer Richtigkeit und Wirksamkeit bezieht. (Man kann zu diesem Punkt nachlesen, was im vorausgegangenen Teil über Freud und seine »Konstruktionen« gesagt wurde.)

Soviel ich weiß, ist dieser epistemologische Ansatz nach der Arbeit Rapaports nicht mehr ernsthaft zur Diskussion gestellt worden. Jedenfalls soll er hier als Fixpunkt in dem Sinne beibehalten werden, daß man Bestätigungen oder Widerlegungen der allein aufgrund – oder innerhalb – der allgemeinen Struktur der psychoanalytischen Theorie entwickelten Thesen erwarten kann. Allerdings ist dies nicht der Ort, die Arbeiten Rapaports noch einmal kritisch zu überprüfen, was eine eigene Darstellung erfordern würde.

Wechselt man von der Ebene der wissenschaftlichen Psychologie auf die im gewissen Sinne allgemeinere der philosophischen Untersuchung über, so stellt man fest, daß diese philosophische Ebene sich in den letzten Jahrzehnten den Problemen der Psychoanalyse sehr genähert hat. Den Weg hatte die Wissenschaftstheorie mit ihren Versuchen geöffnet, genauere epistemologische Instrumente zu erarbeiten, um die Theorie zu überprüfen und zu diskutieren. Ein Gegenstand, der für diese Operationen ausgewählt wurde, war gerade die Psychoanalyse.* Was die Deutung betrifft, so fand dieses Problem die Aufmerksamkeit vieler wichtiger Untersuchungen, besonders der von Ricoeur (1969).

Für den französischen Philosophen ist der typische Kern der Psychoanalyse vor allem ihre Deutungsmethode. In diesem Sinne, das heißt in bezug auf die Art des Deutens, betrachtet er

* Die Erweiterung der Debatte über die wissenschaftliche Gültigkeit der Psychoanalyse begann vor allem mit den schon erwähnten »Minnesota Studies«. Bis dahin weigerten sich die Vertreter der akademischen Psychologie und der offiziellen Psychiatrie, eine definitive Haltung gegenüber der psychoanalytischen Theorie einzunehmen. Sie wurde im günstigsten Fall als eine Sammlung spekulativer Hypothesen behandelt.

»das Werk Freuds als ein in sich geschlossenes Werk« (1969, S. 9). Er stellt dann klar, daß seine Arbeit mehr Freud als die Psychoanalyse betrifft, und befaßt sich nicht mit den Schulen nach Freud. Aber welche Bedeutung kann, abgesehen von der theoretischen Legitimität nachfreudscher Positionen, diese Einschränkung haben? Es handelt sich offensichtlich um die Verlagerung der psychoanalytischen Theorie auf die Ebene einer Philosophie, das heißt im wesentlichen um den Versuch, ihr einerseits die metapsychologischen Elemente und andererseits die Struktur der Denkmethode als solcher zu entnehmen. Ausgeschlossen bleibt im gewissen Sinne die Psychoanalyse als zielgerichtete Tätigkeit, die jemand an einem anderen vollzieht. So definiert, findet der »Freudismus« seine Spezifität eben gerade in der Deutung als von der Psychoanalyse geschaffener Modalität des Verstehens: Die Psychoanalyse wird daher als eine »Deutung der Kultur« aufgefaßt, die als solche »mit jeder anderen globalen Deutung des menschlichen Phänomens in Konflikt tritt« (1969, S. 10). So also ist es zu verstehen, wenn Ricoeur behauptet, daß Freud die Fundamente dieses Diskurses auf eine endgültige Weise gelegt hat und daß niemand hinter sie zurückgehen kann, ohne sich radikal vom Sinn der Psychoanalyse zu entfernen.

Versteht man die psychoanalytische Deutung auf diese Weise (gemäß der ersten Definition von Laplanche und Pontalis), so ist man innerhalb bestimmter Grenzen gefangen. Die erste ergibt sich aus der Verlegung der psychoanalytischen Theorie in den Bereich der Sprache (das heißt in den ausschließlichen Bereich der Sprache). Wie bekannt, ist Ricoeur nicht der einzige, der diese Betrachtungsweise wählt, die übrigens durch die zentrale Bedeutung der Sprache für die Deutung legitimiert wird. Aber sein Standpunkt unterscheidet sich von dem anderer Autoren. Für Ricoeur ist die Einordnung des Freudschen Werks unter die Sprachproblematik die Voraussetzung, wenn man sein Werk mit anderen, philosophisch orientierten, über Sprache und Deutung vergleichen will. Es ist also klar, daß das angewandte epistemologische Instrument den Forschungsgegenstand bereits modifiziert. Er wird so behandelt, als gehörte er der Kategorie an, für die das Instrument geschaffen wurde: In diesem Fall wird die Psychoanalyse als Philosophie behandelt. Das erlaubt Ricoeur, die Psychoanalyse in den Bereich der Hermeneutik aufzunehmen, und er scheint dabei durch Freud selbst ermutigt zu werden (anstatt aller entsprechenden Stellen bei Freud genügt es, eine einzige, die vielleicht bekannteste und in dieser Hinsicht klarste, zu betrachten: *Das Ich und das Es,* 1923). Gerade in diesem Text weist Freud der Sprache eine dominierende Rolle zu in der Beziehung zwischen Bewußtem und Unbewußtem und nicht in der Konstitution des Subjekts im globalen Sinne. Die Psychoanalyse ausschließlich als Sprachphilosophie zu sehen, bedeutet daher in einem gewissen Sinne eine Einschränkung ihres begrifflichen Bereichs.

Ricoeur bleibt immer auf dieser Ebene. Seine Behandlung betrifft die Gesamtheit der Begriffe mit ihren internen Gliederungen, welche die Struktur der Deutungsmethode darstellen. Verbindungen mit der klinischen Technik existieren nicht, und sie werden auch nicht gesucht; zunächst weil der Autor, wie er ausdrücklich sagt, keine analytische Erfahrung besitzt, und schließlich weil sich sein Interesse eher auf das theoretische Modell als auf die Praxis bezieht. Tatsächlich interessiert der analytische Prozeß Ricoeur nur ganz am Rande. Seine Exegese Freuds beschränkt sich auf die Grundlagen der Theorie.

Auf dieser Ebene behauptet Ricoeur (1969, 1. Teil), daß die Suche nach dem Sinn, die Freudsche Definition der Duplizität von Bedeutungen (in der *Traumdeutung*: der manifeste und der latente Sinn) und andere Elemente, die wir noch kennenlernen werden, absolut typisch für die psychoanalytische Methode sind, so daß sie auf keine Weise in den Begriffen anderer Methodologien neu definiert werden können. Darin wird die Annäherung an Rapaport augenscheinlich. Ricoeur führt aus, daß man die Freudsche Deutung nicht neu formulieren kann, indem man sich behavioristischer Modelle (»Die Psychoanalyse ist keine Wissenschaft der Beobachtung«) oder phänomenologischer Modelle (»Die Psychoanalyse ist keine Phänomenologie«) bedient. Dem französischen Philosophen gelingt es so, sich radikal einer ziemlich langen Reihe von Unklarheiten zu entledigen, die – von Eysencks naiven Versuchen an – in den Jahren zuvor in der Debatte über die Psychoanalyse aufgetaucht waren. Viele Male hatte man versucht, die Psychoanalyse mit anderen Systemen zu vergleichen oder psychoanalytische Begriffe in den Begriffen anderer Theorien zu formulieren, und man hatte sich der Illusion hingegeben, auf diese Weise Bestätigungen oder Widerlegungen zu finden. Tatsächlich hatten diese Versuche nur große Verwirrung mit sich gebracht. Noch in jüngster Zeit versucht Loch, die »Wahrheit« zu definieren, die ihm die Psychoanalyse zu verfolgen scheint, und er greift dabei auf phänomenologische Begriffe zurück.* Er bemerkt aber nicht, daß zwischen der Relativierung der Wahrheit, die er als für die Psychoanalyse charakteristisch bezeichnet, und dem absoluten Charakter der phänomenologischen Formulierung ein Widerspruch herrscht, der die beiden Gesichtspunkte (zumindest in diesem Sinne) völlig unvereinbar macht.

Aber schauen wir uns an, worin die Autonomie der psychoanalytischen Methode besteht, von der Ricoeur spricht. Sie umfaßt alles in allem: a) die Suche nach einem Sinn in Begriffen der verständlichen Zusammenhänge unter den Teilen des Gesprochenen; b) die Aufspaltung des Gesprochenen selbst in zwei Teile: die Existenz eines »Doppelsinns«, die Unterteilung in manifest und latent in der *Traumdeutung*; c) den triebmäßigen Ursprung dieser Unterteilung und daher ihre Notwendigkeit (in einem gewissen biologischen Sinne): das heißt die Notwendigkeit des Unbewußten in der dynamischen Bedeutung des Begriffes; d) die Ausdehnung dieses Systems auf jede zu beobachtende Erscheinung des menschlichen Verhaltens ohne Unterscheidung zwischen Normalität und Pathologie.

Hier findet Ricoeur den Ansatz für seine Untersuchung der

* Die Ideen Lochs in bezug auf die »Wahrheit« in der Psychoanalyse werden in direkter Form auch in *Voraussetzungen, Mechanismen und Grenzen des psychoanalytischen Prozesses* formuliert, viel deutlicher aber in der Schrift »Psychoanalyse und Wahrheit« (1976). Der Brief an Meerwein, der zusammen mit dem Briefwechsel zur »Frage Interlaken« in *Psicoterapia e Scienze umane*, Vol. 4 (1975), veröffentlicht wurde, zeigt die politischen Implikationen dieser Einstellung zur »Wahrheit« auf. Ich komme im 7. Kapitel noch einmal auf das Problem zurück.

Freudschen Metapsychologie. Er erörtert die progressive Theoriebildung im Werk Freuds, sowohl indem er sie mit anderen Deutungen vergleicht (der »Deutungskonflikt«) als auch indem er ihre innere Legitimität überprüft. Wie schon gesagt, wird die gesamte Theorie als Gegenstand behandelt, der sich in der Deutung als Methode zusammenfassen läßt, und diese Vorgehensweise schließt die analytische Praxis ausdrücklich aus. Die logischen Verbindungen und die Entwicklungslinien der Theoriebildung sind im vollen Licht zu sehen, aber im Schatten bleiben Beobachtungen – mit ihrer ganzen technischen Spezifität –, die der Theoriebildung die empirische Stütze geben – und das ist nicht unwichtig bei einem Autor wie Freud, der auch für die Entschiedenheit bekannt ist, mit der er seine eigenen Hypothesen umstieß, wenn ihnen die empirischen Daten widersprachen. Ricoeur läßt jedoch diese Problematik außer acht. Für ihn ist die analytische Methode im wesentlichen als Hermeneutik zu verstehen. Diese Tatsache verleiht einerseits seiner ganzen Behandlungsweise des Themas Klarheit, setzt aber andererseits den französischen Philosophen einer Reihe von Kritiken aus. Viele sind der Meinung, daß es eine reduktive Operation darstellt, Deutung ausschließlich im Sinne von Symbolentzifferung zu sehen: Einer der letzten Kritiker, in zeitlicher Reihenfolge, ist Lorenzer.* Seit Jones** ist klar, daß das Symbolproblem von fundamentaler Relevanz für die Deutung ist, und die psychoanalytische Theorie räumt der Bildung und Funktion des Symbols folglich einen großen Platz ein. Sich auf die

* Siehe das bereits erwähnte Werk *Sprachzerstörung und Rekonstruktion*, in dem der Begriff »Hermeneutik« als Definition der analytischen Tätigkeit an mehreren Stellen kritisiert wird.

** Die Diskussion über das Wesen und die Bildung des Symbols – in der Jung bezüglich der theoretischen Grundlagen, die, wie bekannt, gerade in diesem Punkt die Abweichung von Freud kennzeichneten, beiseitegelassen werden soll – beginnt mit der Arbeit »The Theory of Symbolism«, die Jones 1916 veröffentlichte. Es erscheint mir überflüssig, die zahlreichen nachfolgenden Beiträge zum Problem des Symbols zu zitieren. Es hat auch außerhalb der Psychoanalyse sehr großes Interesse geweckt, das sich in dem monumentalen Werk Cassirers ebenso niederschlägt wie in den Arbeiten der modernen Semiotiker. In der vorliegenden Arbeit wird das Problem des Symbols nur im Hinblick auf die Art und Weise gesehen, in der es in der Praxis der Deutung behandelt wird.

Psychoanalyse zu beziehen, ist seit langem für alle unvermeidlich, die sich – bis zu den heutigen Semiotikern – mit Symbolen und sprachlichen Kodes beschäftigen. Es ist aber wohl Willkür, wenn man versucht, die analytische Arbeit auf einen hermeneutischen, wenn auch dialektischen Bereich wie den Ricoeurs zu beschränken. So faszinierend sie sein kann, läuft die Entzifferung doch Gefahr, eine Vereinfachung im Vergleich zur Komplexität der von der Psychoanalyse aufgeworfenen Problematik darzustellen. Wenn man die Dinge so sehen will, ist es unerläßlich, die Psychoanalyse ausschließlich unter die sprachlichen Theorien einzuordnen, wie es Ricoeur tut. Das bringt aber die Gefahr mit sich, die Suche nach der Geschichtlichkeit des Menschen auf die Suche nach der Sprachgeschichte zu reduzieren – eine Gefahr, der, meiner Ansicht nach, Lorenzer nicht entgeht – und den analytischen Prozeß als ein (einfaches) abstraktes linguistisches Spiel zu behandeln. Wenn sich außerdem die gesamte Metapsychologie in den Dienst sprachlicher Verständlichkeit stellt, kann die Deutung auch im Hinblick auf die Sprache verkürzt werden, insofern sie nämlich dann nur noch auf eine einfache Verständlichkeit des Wortes abzielt.

Es geht hier nicht darum, Sprache und Interaktion einander gegenüberzustellen, wie es Lorenzer tut, und auch nicht darum, sich auf linguistische Dispute über die Struktur des Symbols einzulassen; es sollen nur einige Punkte im voraus geklärt werden. Andererseits ist es auch nicht das Ziel dieser Diskussion, die Arbeit des französischen Philosophen zu widerlegen, sondern lediglich, sie unter den Fragenkomplex einzuordnen, der hier interessiert. Der Beitrag Ricoeurs zur Definition der Deutung mit seinem Akzent auf der begrifflichen Struktur kann sicherlich nicht ignoriert werden. Er stellt vielmehr ein Element der weiter unten entwickelten Diskussion dar.*

* Ich beschäftige mich hier nicht mit den Beiträgen Lacans und seiner Schule. So wichtig sie auch sind, scheinen sie mir doch nicht der von mir angeschnittenen Problematik anzugehören. Lacan befaßt sich mit dem Problem der Deutung und ihrer Beziehungen zum Setting der Analyse, aber auf eine grundsätzlich andere Art, als es hier geschieht, vor allem was die theoretischen Voraussetzungen anbetrifft. Im übrigen behandelt er diese Fragen, da sie in einem anderen Zusammenhang stehen, nur beiläufig und fragmentarisch.

In einer Kultur wie der deutschen, die in vielerlei Hinsicht anders ist, hat die philosophische Debatte über die Psychoanalyse in den letzten Jahren eine andere Richtung eingeschlagen. Es erschienen Untersuchungen mit einem engeren Horizont, die vielleicht nicht das Umfassende der Anschauungen eines Ricoeur haben, aber eben deshalb in einigen wichtigen Punkten größere Spezifität bieten. Was diese Arbeiten offenbar gemeinsam haben, ist das Ziel, die Psychoanalyse auf eine epistemologisch unanfechtbare Weise neu zu definieren und sie gleichzeitig in den Bereich des zeitgenössischen materialistischen Denkens einzubeziehen. Es handelt sich um Reflexe der Debatte über die Beziehungen zwischen Psychoanalyse und Marxismus, die sich in Deutschland besonders stark entwickelte.

Manchmal steht, wie bei Habermas, die Psychoanalyse nicht um ihrer selbst willen im Mittelpunkt der Aufmerksamkeit. Gegenstand der Arbeit dieses Philosophen ist, zumindest in *Erkenntnis und Interesse* (1968), eine radikale Kritik am positivistischen Erkenntnismodell im Gesichtskreis der marxistischen und nachmarxistischen Theoriebildung (im besonderen der Frankfurter Schule). Die Psychoanalyse wird als Beispiel eines Erkenntnismodells verwendet, das einem anderen Typ angehört als die klassischen; daher beschäftigt sich Habermas mit der Deutung als Versuch, die Bedeutung des Freudschen Werkes auf der gnoseologischen Ebene neu zu definieren. Auch dieser Autor beschränkt aus ähnlichen Gründen wie Ricoeur seine Untersuchung auf das Werk Freuds. Sein Problem, die Beziehung zwischen Erkenntnis und Interesse am Erkennen, ist viel komplexer als eine Soziologie der Erkenntnis. Im übrigen kann niemand bestreiten, daß die besondere Struktur des kognitiven Prozesses, wie sie Freud beschreibt, ein charakteristisches Merkmal der Psychoanalyse ist.

Für Habermas ist das der Berührungspunkt zwischen der im eigentlichen Sinne technischen und der spekulativ-philosophischen Seite. Die Hervorhebung der Erkenntnis führt ihn dazu, die Analyse als autoreflexiven Prozeß zu definieren und sich an eine Konstitution des Subjekts unter dem transzendenten

Aspekt der Erkenntnis zu halten. Hinsichtlich der Legitimität dieses Vorgehens lassen sich offenbar keine Zweifel anmelden, zumal es die Psychoanalyse in die Modelle eines nichtpositivistischen Verstehens der Wirklichkeit eingliedert, wie es Habermas eindeutig befürwortet. In einem anderen Punkt widerspricht er sich jedoch: Er bezieht sich nur auf die Texte Freuds (die er wie Ricoeur als definitiv betrachtet), während er andererseits versichert, daß sich alle Daten der psychoanalytischen Forschung auf die Klinik gründen müssen. Das bedeutet, daß sich die psychoanalytische Klinik weder von den ursprünglichen Formulierungen Freuds noch von den in den Freudschen Texten nachlesbaren Beschreibungen wesentlich entfernen darf. Mit anderen Worten, der analytische Prozeß wäre demnach identisch mit der von Freud beschriebenen Erfahrung oder allenfalls deren rigoros kohärenter Fortsetzung. Es ist, als gäbe es keinen Abstand zwischen klinischen Daten und der Formulierung der Theorie oder zwischen dem Element der Therapie und dem der Forschung. In einem gewissen Sinne entsteht die Theorie der »Privatisierung der Sprache« gerade aus dieser vielleicht zu wenig detaillierten Anschauung. So suggestiv sie sein mag, ist sie doch nur eine vereinfachte Erklärung der Verdrängungstheorie; und die Vereinfachung scheint sich aus der Tatsache zu ergeben, daß die beiden Bedeutungen des Wortes »Deutung«, die methodologische und die technische (wir verweisen noch einmal auf Laplanche und Pontalis), hier übereinandergelagert und tatsächlich verwechselt werden. So nützlich sie für die Zwecke von Habermas sein mag, diese Art, die Dinge zu sehen, trägt nicht viel zu der Problematik bei, mit der ich mich hier beschäftige.

Den Weg einer Neuformulierung der Theorie oder vielmehr, wie er sagt, der Konstruktion einer »Metatheorie« beschreitet Lorenzer: ein Autor, mit dem man sich hier näher befassen muß, und zwar nicht nur wegen der hervorragenden Bedeutung seines Werkes, sondern auch weil dieses Werk einige hier relevante Punkte berührt. Von der Deutung spricht Lorenzer oft und ausführlich. Das Modell, das er konstruiert, tendiert dazu, die hauptsächlichen Tätigkeiten des Psychoanalytikers im materialistischen Sinne zu definieren. Lorenzer erklärt von Anfang an, daß er sich an die psychoanalytische Praxis hält:

»Es kann nicht davon ausgegangen werden, was die Psychoanalyse – ihrem eigenen Selbstverständnis nach – ›ist‹, sondern davon, ›was der Psychoanalytiker macht‹« (Lorenzer 1970, S. 12).

Dieses Anliegen findet man in allen Schriften Lorenzers, und trotzdem hinterläßt er den Eindruck, daß er seinen Gegenstand oft auf der Ebene der begrifflichen Abstraktionen abhandelt. Die Darlegungen dieses Autors schließen, sobald er einmal die Straße der Metatheorie einschlägt, immer umfassendere Modelle bis zu dem der »Wahrheit« im kognitiven Sinne ein (Lorenzer 1974). Aber in dem Augenblick, in dem er sich der analytischen Situation zuwendet, wird er voreingenommen. Die Entzifferung des Symbols, die Absicht, die szenische Rekonstruktion, die Theorie des Klischees und des Stereotyps: kurz, die einzelnen Punkte der Metatheorie Lorenzers definieren die Psychoanalyse wieder auf eine der möglichen Arten, aber sie beziehen sich immer auf eine irgendwie ideale Situation, in der der Analytiker ausschließlich in seiner traditionellen Rolle eines Deutenden gesehen wird, und die Deutung wird als Entzifferung aufgefaßt. Wie man noch sehen wird, ist das analytische Handeln in einem so beschaffenen Modell nicht begreiflich. Im Konkreten sind die Dinge nicht so einfach, und sie können es nicht sein. Es geht daher nicht darum, die Schlußfolgerungen Lorenzers noch seine Metatheorie (die hier übrigens nicht relevant ist) zu diskutieren. Zur Diskussion steht vielmehr seine Auffassung von der tatsächlichen psychoanalytischen Situation. Daß eine solche Auffassung von mehr als einem Psychoanalytiker geteilt wird (was Lorenzer durchaus bewußt ist), beweist nichts. Man kann Lorenzer nicht widersprechen in bezug auf die von ihm festgestellte Notwendigkeit, die Psychoanalyse von den philosophischen und ideologischen Unklarheiten zu befreien, in die sie oft verwickelt wurde, oder in bezug auf seinen Wunsch, sie mit einer modernen Sozialtheorie in Zusammenhang zu bringen. Dieses Ziel kann jedoch nicht ganz erreicht werden, wenn die Auffassung von der psychoanalytischen Praxis an ein idealistisches Modell gebunden bleibt. Für eine Diskussion wie diese ist die Betrachtung der Praxis von fundamentaler Bedeutung, und Lorenzer weicht meiner Ansicht nach der Falle nicht aus, das heißt der falschen Vorstellung von der Analyse, die eine gewisse Tradition überliefert. Um diese Behauptungen zu veranschaulichen, muß ich kurz einige Dinge vorwegnehmen, die später noch Gegenstand einer systematischen Diskussion sein werden.

Unter den Elementen, die, materiell gesehen, die Situation der Analyse ausmachen, ist meiner Meinung nach eines der grundlegenden das als *Setting* bezeichnete, das heißt das Ganze der realen Bedingungen, unter denen sich die Analyse entwickelt. Wenn dieses Ganze – wie es in einer gewissen traditionellen Literatur geschieht – als etwas Feststehendes behandelt wird, das lediglich der Methode als Stütze dient, wird es abstrakt; und dann wird auch die Methode – die Deutung – unvermeidlich als eine abstrakte Operation behandelt, die in einer unveränderlichen und ahistorischen Umgebung vor sich geht – eben der des ein für allemal festgelegten Settings.* Es ist sicherlich bequem, nach einem solchen Bild der Praxis zu arbeiten, da es sich um ein »reines« Bild handelt: Alles ist klar und positiv, der Analytiker ist nur der genaue Interpret eines Textes, der ihm mit gleichmäßigen und neutralen Modalitäten präsentiert wird. Mir scheint, daß der »ideale« Charakter dieser Anschauung in mehr als einem Sinne offenkundig ist. Auch wenn dieser Gedankengang, der, wie ich schon sagte, später noch einmal aufgenommen werden soll, hier nur knapp skizziert wird, scheinen mir doch die Elemente für eine Kritik an einer bestimmten Auffassung von der analytischen Praxis gegeben zu sein.

Überzeugender sind die Abschnitte, in denen Lorenzer die

* Ich habe schon an anderer Stelle (1975c) darauf hingewiesen, wie sich dieser Autor, einer langen Tradition folgend, des Problems des Settings »lapidar« mit dem Satz entledigt: »... der Umstand, daß das Setting innerhalb der Psychoanalyse nur ganz sporadisch einem Meinungsstreit ausgesetzt wurde ..., darf uns als ein Hinweis dafür dienen, daß damit durchaus den Bedürfnissen der psychoanalytischen Methode entsprochen wurde« (Lorenzer 1970, S. 46).

Deutung auf der methodologischen Ebene behandelt. Er bemüht sich, eine Reihe von begrifflichen Mißverständnissen auszuräumen: In diesem Zusammenhang ist seine Prüfung der Begriffe »Verständnis« und »Erklärung« sehr interessant, auch weil er die Beiträge zahlreicher bereits genannter Autoren kritisch integriert (Lorenzer 1970, 1. Kap.). Doch je weiter man in das umfangreiche Werk Lorenzers eindringt, desto schwieriger wird es aufgrund seines spekulativen Charakters, es für die Problematik zu verwenden, die uns hier interessiert. Auch die Neuformulierung einer Entwicklungstheorie in den Begriffen einer determinierten/determinierenden Sprache bildet einen Teil dieser Erweiterung. Die Theoriebildung wird allumfassend; abgesehen von der Frage ihrer Legitimität, würde es viel Platz beanspruchen, sie hier zu diskutieren, und damit würden wir die Grenzen dieser Darlegung verlassen.

Die Untersuchungen seitens der Philosophie, von denen ich nur diejenigen ausgewählt habe, die am ehesten die Frage der Deutung betreffen, waren in den letzten Jahren zahlreich und wichtig. In keiner findet man jedoch eine Erläuterung der logischen Struktur des Deutungsprozesses, so wie er sich in der klinischen Situation entwickelt. Vielleicht ist es, wie bereits gesagt, das angewandte Instrument, das eine gründlichere Untersuchung dieser Frage verhindert: Es geht ja tatsächlich nicht darum, »von außen«, das heißt vom Standpunkt der allgemeinen theoretischen Hypothesen aus, zu klären, was die Deutung ist. Vielmehr kommt es darauf an, ihre logischen Kennzeichen aus einer exakten Diskussion dessen, was in der Analysesituation geschieht, abzuleiten – ohne die Notwendigkeit, zu einer Metatheorie Zuflucht zu nehmen. Auch wenn wir Lorenzer zustimmen, daß das für den Vergleich mit anderen Theorien – beispielsweise einer Gesellschaftstheorie – nützlich ist, so kann es doch nicht anderen Zwecken dienen. Unter dem hier gewählten Gesichtspunkt ist klar, daß sich die Möglichkeit von Vergleichen dieser Art erst in dem Augenblick ergibt, in dem gewisse Probleme innerhalb der Psychoanalyse geklärt worden sind. Wie ich anfangs sagte, handelt es sich um eine schwierige Aufgabe, mit deren Bewältigung ich nur eben beginnen kann.

Aber wenn man sich nicht hinlängliche Klarheit über die Operationen verschafft, die in der Analyse ausgeführt werden, kann man auch nicht über die Gültigkeit der Theorie auf anderen Gebieten diskutieren, wie mehrere Autoren hervorgehoben haben. Hinsichtlich der Möglichkeit der Begegnung zwischen Psychoanalyse und dialektischem Materialismus, von der man so viel spricht, geht es nicht schlechthin um etwas, was einfach behauptet oder auf der Ebene der gegenseitigen Übereinstimmung von Punkten der beiden Theorien demonstriert werden kann. Ein möglicher Weg scheint mir der zu sein, eine Alternative zu den herkömmlichen Anschauungen vom psychoanalytischen Prozeß zu suchen, der zu oft von ahnungslosen Idealisten ihren Wünschen entsprechend gesehen wird wie in einer aufklärerischen »Wunscherfüllung«. Diese Alternative bezieht ihren Antrieb aus einer Neuformulierung der Frage der Deutung, die die Grundlage der konkreten analytischen Tätigkeit bildet.

IV
Das Setting im Deutungsprozeß

Im vorausgegangenen Kapitel habe ich auf die Bedeutung des Settings – verstanden als die Gesamtheit der realen Bedingungen, unter denen sich die Analyse entwickelt – für den Deutungsprozeß hingewiesen. Ich muß nun zu diesem Punkt zurückkehren, um das bisher kaum angedeutete Argument zu entwickeln. Am Beginn muß eine genauere Definition des Begriffs Setting stehen.

Das Setting ist nur selten Gegenstand von Diskussionen. Vor allem beschäftigen sich damit technische Abhandlungen, aber beinahe nur um zu sagen, daß es wichtig sei, auf die Stabilität des Settings zu achten und bei etwaigen Versuchen, auf es einzuwirken, analytisch zu intervenieren. Diese Versuche werden bekanntlich vom Patienten auf einer weiten Skala von Möglichkeiten unternommen. Der Patient verlangt, zum Beispiel, vom Analytiker Modifikationen des anfänglichen »therapeutischen Arbeitsbündnisses« in bezug auf die Vertragsbedingungen, die er elastischer haben möchte, oder auf den Zeitplan der Verabredungen oder das Honorar oder andere Dinge dieser Art. Oder er kann das einmal festgelegte Setting nicht beachten, beispielsweise im klassischen Fall des Zuspätkommens zu den Sitzungen; oder er kann, im Gegenteil, Elemente des Settings anstelle des analytischen Prozesses einsetzen wie im Falle der obsessiven Ritualisierung der formalen Prozeduren der Analyse und so fort. In diesen Fällen muß der Analytiker Forderungen des Patienten, die manchmal einer »anderen« Ordnung anzugehören scheinen, in den Bereich der Analyse, das heißt der Deutung, zurückführen. Wie uns die Theorie der Technik und die klinische Erfahrung lehren, ist es auf diese Weise beinahe immer möglich, bestimmte gegenwärtige Konflikte des Patienten zu entdecken, die sich auf diese Weise in der spezifischen Übertragungssituation dieses Augenblicks zur Geltung bringen.

Auf den ersten Blick scheint es daher so, als ließe sich das Setting ausschließlich im Hinblick auf den konkreten, zwischen Patient und Analytiker geschlossenen Vertrag, das Arbeitsbündnis, definieren. Das Setting wäre somit nur die Gesamtheit der eindeutig vereinbarten Vertragsbedingungen, die während der ganzen Dauer der Analyse respektiert werden. (Man vergleiche, zum Beispiel, wie Menninger, 1977, 2. Kap., das Thema des therapeutischen Arbeitsbündnisses behandelt.) Der Begriff bezieht sich jedoch nicht spezifisch auf den vertraglichen Aspekt, sondern eher auf die tatsächlichen Bedingungen der therapeutischen Situation (Zeitplan, Dauer der Sitzungen, Honorar, Liegen auf der Couch etc.). Diese Bedingungen müßten als Elemente der »idealen« Analysesituation während der ganzen Dauer der Behandlung vollkommen gleich bleiben. Wir wissen jedoch, daß die Dinge nie so einfach liegen. Tatsächlich ist die Gleichförmigkeit des Settings, sei es von einem Fall zum anderen, sei es für die Dauer einer einzelnen Analyse, mehr Wunsch als Wirklichkeit, oder jedenfalls ist sie keine Wirklichkeit, die so selbstverständlich und unveränderlich ist, daß man sie sozusagen vergessen kann. Andererseits macht man, in dem Maße, in dem man jede einzelne Abweichung vom festgelegten Setting zu analysieren versucht, eine Art analytische Regel daraus. Die meisten Autoren halten die Abweichung für unerläßlich, um den Fluß der freien Assoziationen seitens des Patienten zu gestatten.* Hier liegt ein Widerspruch vor: Einerseits schlägt man vor, dem Patienten die größtmögliche Freiheit zu lassen, um seine Assoziationen zu fördern, andererseits

* Es erscheint mir nutzlos, die sehr zahlreichen Autoren anzuführen, die dieser Meinung sind. Für alle mag jedoch die klassische Arbeit Fenichels, *The Psychoanalytic Theory of Neurosis*, 1945, gelten. Bekanntlich wird die metapsychologische Rechtfertigung der Technik von Fenichel besonders gründlich untersucht. Eine originelle Behandlung der assoziativen Technik findet man bei Hermann (1963).

schließt man ihn in einen streng festgelegten Bezirk ein und deutet (im Grunde als Abweichung) jede Änderung, die er einzuführen versucht. Trotz dieses Widerspruchs weiß der Analytiker jedoch, daß ein klares und stabiles Setting für ihn notwendig ist. Es ist aber nicht möglich, daß sich eine solche Notwendigkeit nur aus der Bequemlichkeit oder aus praktischen Gründen ergibt. Nur als Gesamtheit der Vertragsbedingungen gesehen, zeigt das Setting nicht seine ganze Bedeutung für den analytischen Prozeß. Es ist auch ein fundamentaler Bezugsrahmen auf kognitiver Ebene. Wenn der Analytiker sieht, wie seine Bemühungen, die »Einwirkung« des Patienten auf Elemente des Settings zu deuten, fehlschlagen, bleibt ihm keine andere Wahl, als die Analyse abzubrechen, eben weil die kognitive Tätigkeit, welche die Analyse selbst charakterisiert, nicht mehr möglich ist.

Ich habe ein extremes, nicht typisches Beispiel gewählt. (Wie man noch sehen wird, werden Situationen dieser Art anders gehandhabt, beispielsweise durch die Einführung von »Parametern«, um Eisslers Terminologie zu gebrauchen; diese Frage soll im nächsten Kapitel behandelt werden.) Dennoch ist das Beispiel nützlich, um einer präziseren Definition des Settings näherzukommen. Diese kann sich nicht nur auf den Vertrag oder das Bündnis beziehen, das die Begegnungen zwischen Patient und Analytiker praktisch möglich macht und auf eine zweckmäßige Weise regelt. Das Setting ist auch ein Bezugsrahmen mit spezifischen kognitiven Funktionen; aber auch diese können nicht als entscheidende Kriterien gelten, da die Institution des Settings selbst nicht diesem ausschließlichen Zweck dient.

Um zu beschreiben, was die Elemente des Settings gemeinsam haben, muß man meiner Meinung nach auf den analytischen Prozeß zurückgehen. In ihm lassen sich solche Elemente vor allem negativ definieren, das heißt, indem man klarstellt, was sie *nicht* sind. Tatsächlich handelt es sich um alle jene Dinge, die materiell die Analysesituation ausmachen und für sie unentbehrlich sind; sie haben bestimmte Funktionen bei der Deutung (als Bezugspunkte), aber vor allem sind sie als solche von der eigentlichen analytischen Tätigkeit, das heißt von der Deutung, ausgeschlossen. Das heißt, sie sind keine deutbaren Dinge; und das ist das einzige Merkmal, das die Elemente des Settings ausschließlich definiert. Sie werden als außeranalytische Fakten behandelt.

In der traditionellen Auffassung vom Setting wird all das als selbstverständlich betrachtet. Man verhält sich so, als beständen zwischen dem Prozeß der Analyse und dem Setting nur feste und in einem gewissen Sinne unerhebliche Verbindungen. Das Setting wird als ein im voraus festgelegter und statischer Rahmen gesehen. Es sind, wie man gesehen hat, allenfalls die Modifikationen dieses Rahmens, an denen man analytisch arbeitet, weil sie aus ebendiesem Rahmen (der immer als sich selbst gleich gegeben ist) heraustreten und in den Bereich der Deutung fallen.

Ein gutes Beispiel für diese Betrachtungsweise ist die Diskussion zwischen denen, die für ein »Sichverbergen« des Analytikers eintreten, und denen, die in ihren Theorien ein »Sichenthüllen« vorziehen. Bekanntlich hatten beide Einstellungen ihre Befürworter, und die Diskussion betrifft unmittelbar das Problem des Settings. In letzter Zeit versicherte, zum Beispiel, Meltzer, daß die Analyse eine »Suche nach der Wahrheit« sei, und er erklärte:

»Damit diese Suche nach der Wahrheit verwirklicht werden kann, ist es nötig, daß die analytische Situation (das Setting) jene störenden Einflüsse auf die Entwicklung und Durcharbeitung der Übertragung auf ein Minimum reduziert, die beispielsweise durch das Eindringen der realen äußeren Situationen in die analytische Situation gegeben wären. Der gesunde Menschenverstand läßt einen voraussehen, daß das unmöglich durchführbar wäre in bezug auf das Alter, das Geschlecht, die Physiognomie und den Charakter des Analytikers« (Meltzer 1971, S. 19).

Das berechtigte Ziel, die Entwicklung der Übertragung nicht zu stören, veranlaßt Meltzer, wie man sieht, zu wünschen, daß sich der Analytiker so gut wie möglich vor den Augen seines

Patienten verbirgt. Es erscheint ihm schon als Nachteil, daß dieser das Geschlecht und Alter seines Analytikers kennt. Andere vertreten den gegensätzlichen Standpunkt und behaupten, es sei wünschenswert, daß sich der Analytiker »enthüllt«. Aber von beiden Seiten wird, wie dieses Beispiel deutlich zeigt, die Analyse als eine Art von völlig abstrakter Situation betrachtet, in der es möglich ist, die psychologische »Wahrheit« zu suchen, ohne ihre Verbindung mit der sogenannten »äußeren Realität« mit einzubeziehen. Es scheint also möglich zu sein, daß der Analytiker entscheidet, ob er sich verbergen oder seinem Patienten mehr oder weniger vollständig enthüllen will, und das geht bis zu der offenkundigen Absurdität, einfache Lebensstile oder eine einheitliche Kleidung vorzuschreiben, wie es Meltzer tut (ibid.). Betrachtet man die Dinge konkret, so ist es offensichtlich, daß der Patient, unabhängig von den Entscheidungen des Analytikers, Informationen über ihn besitzt. Die wesentliche Frage ist daher nicht, ob man sich verbergen will, was ein frommer Wunsch bleibt, oder ob man sich enthüllen soll, was im Hinblick auf die Analyse fragwürdig ist (denn die Probleme des Analytikers haben in der Analyse selbstverständlich nichts zu suchen). Es muß ein anderer Ansatz gefunden werden. Angenommen, daß immerhin, wie man gesagt hat, die Neugier des Patienten befriedigt werden kann (auch die Bemühung, ein anonymes Setting zu schaffen, ist eine wertvolle Information über den Analytiker; was das in den Augen des Patienten bedeuten kann, bleibt der Phantasie überlassen), so muß darüber gesprochen werden, wie man etwaigen Nachforschungen oder dem Gebrauch von erhaltenen Informationen seitens des Patienten selbst analytisch begegnet. Anders zu handeln, ist einfach der Versuch des Analytikers, bestimmte Dinge zu ignorieren, die ihm sein Patient zeigt und die mit seinem Wunsch nach Erkennen zusammenhängen; einem Wunsch, nebenbei bemerkt, der auf größere Konflikte hinweisen kann und sich mit den »realen« Elementen der analytischen Situation verbindet. (Aber welche Regung des Patienten ist nicht mit diesen Elementen verbunden?)

Zurück zu den in der traditionellen Auffassung vom Setting

implizierten Problemen! Sie lassen sich wie folgt zusammenfassen: a) Als unveränderliches und unerhebliches Element betrachtet, wird das Setting abstrakt und unantastbar. Dieser Art ist tatsächlich die Einstellung vieler Analytiker. Das Setting, nämlich das von Freud beschriebene, ist auf theoretischer Ebene nicht mehr revidiert und stillschweigend als das Optimum im absoluten Sinne für die korrekte Abwicklung des analytischen Prozesses betrachtet worden. b) Diese Tatsache erwies sich als wesentliches Hindernis in dem Augenblick, in dem die Psychoanalyse ihr Betätigungsfeld erweiterte. Der Übergang zur Behandlung von Psychosen, beispielsweise, zwang die Analytiker, das Setting zu modifizieren, aber sie zogen es vor, von einer »Therapie auf analytischer Grundlage« zu sprechen oder andere Umschreibungen zu gebrauchen, anstatt von einer Analyse in einem nicht herkömmlichen Setting zu sprechen. c) Die Psychoanalyse wurde so auf einen engen und ihren eigenen Möglichkeiten widersprechenden Kreis beschränkt. Mir ist natürlich bewußt, daß all das nicht nur in bezug auf das Setting geschah, aber es war gerade in dieser Frage von großer Relevanz.

Wenn man nun zur bisher erreichten Definition der Elemente des Settings zurückkehrt, muß man das Verzeichnis dieser Elemente erweitern. Tatsächlich gibt es über die Vertragsbedingungen hinaus noch andere Dinge, die einen unumgänglichen Teil der analytischen Situation bilden und dieselben Merkmale der Unveränderlichkeit und Fremdheit in bezug auf den Deutungsprozeß besitzen, die ich als Grundlage für die Definition des Settings verwendet habe. Das klarste Beispiel sind die für typisch gehaltenen Rollen, vor allem des Analytikers. Um zu einer genaueren und umfassenderen Definition des Settings zu gelangen, müssen wir daher über einige dieser Rollen sprechen und uns dabei immer an die traditionelle Auffassung vom analytischen Prozeß halten.

Mit diesem Thema beschäftigt sich Loch (1974) in einer kurzen Arbeit, die der Untersuchung der Rollen des Psychoanalytikers und der Ausübung von Macht in der analytischen Situation gewidmet ist. In dieser vermeint Loch einen Widerspruch oder,

wie er sagt, ein Paradoxon zu entdecken. Wenn sich die Psychoanalyse einerseits vornimmt, eine freiere Kommunikation in bezug auf Macht zu ermöglichen, so führt sie andererseits zu diesem Zweck einen Prozeß ein, in dem der Psychoanalytiker die Rolle eines Gesetzgebers und Lehrers spielt. Die Suche nach Freiheit wird daher in einer im wesentlichen unfreien Situation vorgenommen. Loch entwickelt eine präzise Argumentation auf metapsychologischer Ebene und kommt zu dem Schluß, daß diese Rollen des Analytikers durch die Ethik der Forschung als allgemeiner Zweck der Analyse legitimiert werden. Die Forschung liefert also die Rechtfertigung für die Machtausübung seitens des Psychoanalytikers. Andererseits wird der analytische Prozeß (und in diesem Punkt äußert sich Loch sehr entschieden) überhaupt nur durch die Übernahme dieser Rollen seitens des Analytikers ermöglicht. Die Psychoanalyse zielt darauf ab, eine relativierte Wahrheit zu erreichen in dem Maße, in dem sie zuletzt dem Konsens des Patienten unterworfen ist – hier zeigt sich deutlich die Annäherung an Lorenzer –, was eine weitere Rechtfertigung der pädagogischen und autoritären Aspekte der Rollen des Psychoanalytikers darstellt. Der Autor ist der Ansicht, daß die Unfreiheit am Ende der Analyse mit der Aufgabe dieser Rollen und der Erlangung der Gleichheit von Analytiker und Patient aufgehoben wird.
Loch demonstriert also, daß die Rolle des Gesetzgebers und Lehrers für den psychoanalytischen Prozeß notwendig ist, das heißt, daß sie reale, für seine Entwicklung unerläßliche Bedingungen darstellt. Im übrigen handelt es sich offensichtlich um vorübergehende oder gelegentliche Rollen, die dieser oder jener spezifischen Entwicklungsphase des Patienten entsprechen. Für Loch sind sie keine »Parameter« im Sinne Eisslers. Es gibt daher keinen Grund, diese Rollen nicht als Elemente des Settings der Analyse zu betrachten. Auch nach der hier gegebenen Definition besitzen sie dieselben Merkmale der Unveränderlichkeit und Fremdheit in bezug auf den Deutungsprozeß, die ich beschrieben habe. Ein Beweis dafür ist in der Art zu sehen, in der Loch die Frage behandelt. Wenn die hier vertretene These richtig ist, stellen diese Rollen erst recht Elemente des

Settings dar: Sie werden »agiert«, nicht analysiert. Und genauso sieht sie Loch auch: In dem Maße, in dem sie das »reale« Handeln des Analytikers kennzeichnen, sind die Rollen als solche gegeben. Daraus folgt, daß sie nicht gedeutet, das heißt auf etwas anderes (zum Beispiel auf Erlebnisse der Übertragung oder Gegenübertragung) reduziert werden können, was nicht die reine und einfache Wirkung der Tätigkeit des Analytikers ist. Wäre es nicht so, würde die anfängliche Annahme Lochs nicht haltbar sein. Ist es aber so, dann läßt sich das folgende behaupten:

1. Als Elemente des Settings werden die Rollen des Lehrers und des Gesetzgebers am Ende der Analyse nicht durch die Analyse selbst aufgelöst (so wie sich, beispielsweise, die Rolle des Analytikers als eines Deutenden, ein weiteres Element des Settings, nicht auflöst). Das heißt, daß sie keine analytische Lösung finden; sie werden beispielsweise nicht als infantile Erlebnisse und Konflikte des Patienten gedeutet, die auf den Analytiker übertragen wurden, da ja der Analytiker diese Rollen selbst übernahm und sie ihm nicht vom Patienten zugeteilt wurden. Es trifft dennoch zu, daß sie beim Abschluß der Analyse aufhören, aber das geschieht eben nur, weil die Analyse endet; auf dieselbe Weise hört der Analytiker nach beendeter Analyse auf zu deuten. Es handelt sich also um Rollen, die der Ausübung der Analyse inhärent sind, und nicht um innere Übertragungsaspekte der psychischen Prozesse eines Menschen. Einerseits entstehen diese Rollen von neuem in dem Augenblick, in dem der Patient beschließt, noch einmal mit der Analyse zu beginnen; andererseits wird die Tatsache, daß er sie internalisieren kann, nicht gedeutet und damit auf die Ebene der Phantasie verlegt, sondern als realer Beweis für den Erfolg der Analyse gewertet.

2. Innerhalb des psychoanalytischen Prozesses reproduziert der Patient in der Übertragung Elemente und Konflikte, die mit seiner Beziehung zu Macht und Autorität zusammenhängen. All das wird gedeutet mit dem Ziel, diese Problematiken im traditionellen Sinn der Analyse zu klären. Aber die Rollen, von denen Loch spricht, sind etwas anderes. Wenn sie zum Setting gehören, können sie, wie gesagt, nicht auf etwas anderes reduziert werden. Mit anderen Worten, wenn der Analytiker in einem gewissen Maße Gesetzgeber und Lehrer ist und wenn er es abhängig von der Entwicklung des analytischen Prozesses ist, kann er auf diese Rolle nicht verzichten, ohne den Prozeß selbst zu gefährden; und sie während der Analyse deuten zu wollen, würde gerade das bedeuten. Man kann sich in dieser Frage auch auf die Rolle des Hilfs-Überich berufen, die schon Strachey (1934) in seiner Erörterung der Deutung anführte. Diese Aspekte des Problems der Freiheit in der Analyse können also nicht auf der »realen« Ebene behandelt werden, das heißt, sie finden keine Lösung innerhalb der analytischen Situation. Der Patient bleibt an ein System von Regeln und Normen gebunden, die seine Freiheit sehr eindeutig einschränken. Diese Regeln können nur durch die Beendigung der Analyse als konkrete Tatsache aufgehoben werden, denn jeder andere Versuch würde eine Aufhebung auf Kosten des Settings, der Theorie der Technik und letzten Endes des analytischen Prozesses selbst bedeuten. Die analytische Situation bietet dem Patienten tatsächlich kein besseres Modell der Freiheit als das Leben selbst; in gewisser Hinsicht ist er sogar in der Analyse viel weniger frei, wenn man von der abstrakten Freiheit absieht, die Dinge in einer Situation auszusprechen, in der es ihm verboten ist, sie zu tun.

3. All das bedeutet aber keineswegs, daß man ein anderes Setting oder eine freiere Situation suchen müsse. Es ist sogar gefährlich, sich der Täuschung hinzugeben, daß die Analyse als institutionalisierte Tätigkeit innerhalb einer gewissen gesellschaftlichen und wirtschaftlichen Struktur etwas biete, was andere Institutionen nicht bieten können. Das analytische Setting und die Rollen des Analytikers sind die, die wir kennen, heute und in der Gesellschaft, in der wir leben; ihre Legitimation ist einerseits an die Natur des analytischen Prozesses und andererseits an die realen Bedingungen, unter denen er verläuft, gebunden. Man braucht keine anderen Legitimationen zu suchen, um so weniger, wenn es sich um Dinge handelt, die im wesentlichen dem analytischen Prozeß fremd sind wie die Ethik der Forschung. Es bleibt allerdings genug Raum, darüber nachzudenken, daß in der Gesellschaft, in der wir leben, etwas, was das innere Leben der Menschen so nahe berührt wie die Analyse, nur um den Preis so wenig positiver Arbeitsbedingungen vonstatten gehen kann.

Diese Überlegungen öffnen einige weitere Wege. Die Struktur des Settings und die Physiognomie der Rollen haben sich in der Geschichte der Psychoanalyse nach und nach herausgebildet auf der Grundlage der empirischen Erkenntnisse, die von Freud und seinen Anhängern während der analytischen Tätigkeit gesammelt wurden. Diese Erkenntnisse hatten immer auch eine Rückkopplung auf die Entwicklung der Theorie; was aber die Bildung des Settings und die Übernahme der Rollen betrifft, so führten diese zu einer Beschreibung der realen Bedingungen einer praktischen Anwendbarkeit der Methode. Um zum Beispiel der Therapie der Psychosen zurückzukehren: Wir wissen, daß die Psychoanalytiker, die sie versuchten, Daten sammelten, die eine präzise Rückkopplungswirkung auf die anfänglichen Theoriebildungen hatten und sie auf signifikante Weise modifizierten. (Freuds berühmte Darstellung der Deutung der Paranoia im »Fall Schreber« wurde erst in dem Augenblick als teilweise unhaltbar erkannt, in dem die Analytiker begonnen hatten, mit Psychotikern zu arbeiten.) Aber zur gleichen Zeit war es notwendig, ein anderes Setting aufzubauen, das der neuen Psychopathologie und somit den veränderten Bedingungen Rechnung trug, unter denen die analytische Tätigkeit ausgeübt wurde. Diese war dann auch, wie bereits angedeutet, eine Quelle grober Irrtümer; man zog es vor, nicht von einer »Analyse« von Psychosen zu sprechen, nicht nur und nicht so sehr, weil bei psychotischen Zuständen die Struktur der Deutung eine andere ist als bei den Neurosen, sondern vor allem, weil das Setting anders war; beinahe so, als wäre die Analyse an der Tatsache zu erkennen, daß der Patient auf der Couch liegt oder daß es ihm gelingt zu assoziieren. Es ist interessant, *en passant* festzustellen, daß sich dieses Phänomen bei der Kinderanalyse nicht wiederholte, obgleich die Änderung des Settings ebenso bemerkenswert war. Auf jeden Fall sollten die von der Psychoanalyse gelieferten Beiträge zum Verständnis und zur Behandlung psychotischer Zustände nunmehr genügen, um die Frage zu entscheiden.

Zurück zum Argument Lochs: Es wird nun klar, daß alles, was über die institutionellen Rollen des Analytikers und ganz allgemein über das Setting gesagt wurde, für die psychoanalytische Praxis in ihrer Beziehung zur Methode und zu den realen Bedingungen, unter denen sie sich entwickelt, gilt. Die klinische Psychoanalyse, gleich ob sie im Hinblick auf diese oder jene psychopathologische Situation ausgeübt wird, ist das Modell der praktischen Anwendung der Theorie, und sie nimmt konkrete Formen an in der Ausübung eines Berufes. Es gibt keinen Grund für die Annahme, daß sich die Psychoanalyse als Beruf den sozialen und historischen Bindungen der anderen Berufe entzieht. Ebensowenig kann man behaupten, daß diese Bindungen mit dem analytischen Prozeß gar nichts zu tun hätten. Diese Diskussion soll gerade das Gegenteil demonstrieren. Zu behaupten, daß das gegenwärtige Setting der Psychoanalyse aus rein methodologischen Gründen so sei, wie es ist, das heißt, daß es im absoluten Sinne die einzig mögliche Vorbedingung für die analytische Deutung sei, kommt der Vorstellung gleich, der Analytiker wähle bestimmte Rollen und gewisse operative Situationen nicht, weil er auf historischer und sozialer Ebene dazu gezwungen ist, sondern allein im Namen gewisser theoretischer Prinzipien. All das nimmt meiner Meinung nach Gestalt an in einer ideologischen Operation, die in den folgenden Punkten sichtbar wird:

a) Man erhält und überliefert eine ideale Vorstellung von der Psychoanalyse, die von der Metapsychologie gestützt wird. Sie kann dazu verwendet werden, die alte Isolierung und die aristokratische Distanz der Psychoanalyse zu den anderen Disziplinen aufrechtzuerhalten, vor allem aber dazu, die realen Bedingungen zu ignorieren, unter denen die Psychoanalyse tatsächlich angewandt wird.

b) Diese Vorstellung verhindert, daß man die historischen und sozialen Determinanten begreift, aufgrund deren sich der analytische Prozeß in der gegenwärtigen westlichen Kultur nur um den Preis eines so ungünstigen und pädagogischen Settings verwirklichen läßt. Es ist freilich wahr, daß diese Determinanten in jedem von uns wirken und es uns erschweren, uns ein anderes Setting vorzustellen. Aber man muß bedenken, daß das Setting, das wir kennen, keinen absoluten, von der Wissenschaft diktierten Wert haben kann. Auch wenn man zugesteht, daß es immer noch das beste Modell darstellt, so bedeutet das nichts anderes, als daß es die einzige Form ist, in der die Psychoanalyse heute und hier angewandt werden kann.

Nach dieser kleinen Abschweifung können wir zum anfangs angeschnittenen Thema zurückkehren. Ein bestimmtes Setting, hieß es, ist keineswegs das besondere Element, das die analytische Tätigkeit von anderen Formen der psychotherapeutischen Arbeit unterscheidet. Es mag selbstverständlich erscheinen zu sagen, daß die Analyse nicht ist, was sie ist, weil sie unter diesen typischen materiellen Bedingungen vorgenommen wird, aber es ist schwierig, das Problem in geeignete Begriffe zu fassen. Wir haben, zum Beispiel, in den letzten Jahren eine Erweiterung der Anwendungsmöglichkeiten der Psychoanalyse erlebt. Sie wurde jedoch immer noch auf traditionelle Weise behandelt. Die spezifischen Anwendungsmodalitäten dieses oder jenes Typs wurden oft als der Methode völlig fremd betrachtet, ja sogar als eine Quelle möglicher Gefahren für die Orthodoxie der Lehre. Mit anderen Worten, man dachte nach wie vor, daß eine in sich unveränderliche Methode ständig mit für ihre Anwendung mehr oder weniger günstigen Umständen fertigwerden müsse und daß sie durch unkorrekte Anwendungen entstellt werden könnte. Das Idealmodell, von dem man sich möglichst wenig entfernen durfte, wurde durch die Analyse der Neurosen exemplifiziert und im besonderen durch das Setting dieser Analyse. Dagegen läßt sich vor allem einwenden, daß es andere Mittel gibt, um die »Orthodoxie« zu gewährleisten, Mittel, die weniger grob sind als diejenigen, die ein determiniertes Setting als Bezugspunkt annehmen. Außerdem kann die Änderung des Settings eine Operation sein, die aus Gründen notwendig wird, welche sich voll und ganz mit den Begriffen der analytischen Theorie vereinbaren lassen. So wird es beispielsweise im Falle von Kindern oder Psychotikern nötig sein, die veränderten Bedingungen der Ichstruktur zu berücksichtigen – eine zweifellos analytische Gegebenheit. Um gewisse Anwendungen der Psychoanalyse unter dem Gesichtspunkt der strengen Wissenschaftlichkeit als korrekt zu betrachten, muß man sich auf komplexe Diskussionen einlassen. Man könnte, zum Beispiel, die Unkorrektheit bestimmter Techniken aufzeigen, wenn man bewiese, daß sie radikal von der psychoanalytischen Theorie und Praxis abweichen. Das ist gewiß nicht unmöglich, aber es ist auch nicht leicht, denn was die Theorie betrifft, erleben wir immerhin, daß wichtige Teile von ihr ständig revidiert werden, und hinsichtlich der Praxis kann man behaupten, daß sie sich in dem Maße ändert, in dem die Theorie (implizite) neue Methoden vorschlägt, um neue Situationen zu bewältigen. Mit anderen Worten, man kann aus der Theorie angesichts von klinischen Situationen, die unter dem Gesichtspunkt der Theorie selbst unähnlich sind, eine Reihe von technischen Modalitäten ableiten, die sich radikal voneinander unterscheiden.

Andererseits ist nicht zu leugnen, daß die Änderung des Settings den Analytiker vor viele Schwierigkeiten stellt. Auch unabhängig von den Gründen für eine Änderung des Settings geht diese notwendigerweise mit einer Änderung der Physiognomie der Deutung einher, und das kann sehr bedeutende Auswirkungen auf die Auffassung vom analytischen Prozeß haben. Die Analytiker, die in psychiatrischen Institutionen arbeiten, sind für dieses Problem sehr empfänglich, so sehr, daß es einige von ihnen vorziehen, eine neue Terminologie zu schaffen – und beispielsweise von »Sozioanalyse« sprechen* –,

* Ich spiele vor allem auf die Arbeiten von Elliott Jaques an. Abgesehen von einer Kritik an ihrem eigentlichen Wert – die interessante Anregungen für eine Diskussion bieten würde – scheint mir die von diesem Autor und einigen seiner Anhänger angewandte Terminologie einen Kompromiß darzustellen zwischen der Notwendigkeit, die psychoanalytische Matrix gewisser Techniken und Theorien immerhin noch wiederzuerkennen, und der Schwierigkeit, sie in einem solchen Sinne klar zu definieren.

während man mit Recht annehmen darf, daß sie versuchen, das analytische Instrument in einer Situation, also in einem Setting, zu gebrauchen, das sich vom traditionellen stark unterscheidet. Es ist klar, daß es sich hinsichtlich der theoretischen Systematisierung um noch unerforschte Sektoren und offene Probleme handelt; aber hier ging es nicht so sehr darum, Antworten zu finden, sondern vielmehr darum, einige Voraussetzungen für mögliche Forschungen aufzuzeigen, um die Gefahr zu vermeiden, als Idealmodell im absoluten Sinne eine einzige Art von Setting zu betrachten (die obendrein in der Praxis streng genommen gar nicht zu finden ist; siehe die nachfolgende Diskussion über Eissler).

Wenn es aber stimmt, daß jede Änderung des Settings notwendigerweise Änderungen in der Deutung mit sich bringt, müssen zwischen Setting und Deutung andere, und in einem gewissen Sinne engere, Verbindungen bestehen als diejenigen, die wir zu sehen gewohnt sind. Man beginnt vielleicht, gewahr zu werden, daß zwischen der psychoanalytischen Deutung und den materiellen Elementen der Situation, in der sie vorgenommen wird, Bindungen struktureller Natur gegeben sein können und nicht nur durch banale Umstände bestimmte Beziehungen. Dies ist der erste Grund, der es mir als notwendig erscheinen ließ, das Problem des Settings in diese Diskussion über die logische Struktur der Deutung aufzunehmen. In Wirklichkeit ist die Deutung, wie ich zu beweisen versuchen will, nichts vom Setting Getrenntes; im Gegenteil, sie schließt es ein in die eigene logische Struktur – und eine andere Möglichkeit kann es nicht geben.

Es empfiehlt sich vielleicht, vor dem Übergang zu den folgenden Phasen das bisher in bezug auf das Problem des Settings Gesagte noch einmal kurz zusammenzufassen. Ich habe begonnen mit einer Beschreibung der herkömmlichen Auffassung, die sich auf die Analyse der etwaigen Abweichung vom im voraus festgelegten Setting beschränkte. Das diente zu einer ersten, engeren Definition der Elemente des Settings, gesehen als Teile des therapeutischen Arbeitsbündnisses. Schon bei dieser ersten

Annäherung wurde jedoch die Funktion als kognitiver Bezugsrahmen offenbar, welche die Elemente des Settings bei der Behandlung erfüllen; daher wurde das zuerst nur als materieller Vertrag gesehene Setting auch unter dem Aspekt eines kognitiven Bezugsrahmens betrachtet, der für die analytische Operation unerläßlich ist. Auf der Suche nach einer präziseren Definition habe ich schließlich ein allen Elementen des Settings gemeinsames Merkmal identifiziert: ihre Nichtdeutbarkeit.

Die so gefundene Definition gestattete es, das Konzept des Settings zu erweitern, da dieselben Merkmale der Unveränderlichkeit, Funktionalität und Nichtanalysierbarkeit auch für andere Elemente gelten. Diese sind, zum Unterschied von den Vertragsbedingungen, impliziert. Um sie zu exemplifizieren, habe ich auf eine Arbeit Lochs über die Rollen des Psychoanalytikers zurückgegriffen. Diese Rollen wurden unter die Elemente des Settings aufgenommen, da sie den zuvor aufgestellten Kriterien entsprachen: Sie entziehen sich der Deutung, weil sie nicht als Phantasieprodukte des Patienten oder des Analytikers gesehen werden, die durch eine Analyse der Übertragung oder Gegenübertragung aufgelöst werden, sondern als »reale« Faktoren, die durch ihre effektive Existenz die Entwicklung der Analyse gestatten. Sie sind daher in jeder Hinsicht den vertraglichen Bedingungen vergleichbar.

Mit einem weiteren Schritt habe ich dann das Setting einem beweglicheren und konkreteren Bereich zugeordnet als dem, den ihm eine stillschweigende Tradition der psychoanalytischen Kultur vorbehält. Ich habe eine neue Perspektive vom materiellen Typ gesucht und in ihr die Variationen des Settings auf zwei Ebenen in Betracht gezogen: einer vertikalen, historischen, auf der man sieht, daß ein bestimmtes – aber durch präzise materielle Faktoren bestimmtes – Setting sehr rasch als das ideale angenommen und weiterhin beibehalten wird, während es lediglich das für die Neurosen in einer bestimmten historisch-sozialen Situation einzig mögliche war; und einer anderen, sozusagen horizontalen Ebene, auf der man die Abwandlungen des Settings in den derzeit üblichen Anwendungen der Psychoanalyse sieht. Hier ist das Setting also Änderungen unterworfen, und diese Tatsache bringt nicht nur der Theorie der Technik angehörende, komplexere Probleme mit sich, als man vermutet hätte.

Schließlich wurde eine Hypothese berührt, die für den Augenblick nur angedeutet werden kann und noch weit davon entfernt ist, bewiesen zu werden. Das heißt, es wurde vermutet, daß zwischen Setting und Deutungsprozeß Beziehungen logisch-struktureller Natur und nicht nur banale, zufällige Verbindungen bestehen.

Die Ausdehnung der Qualifikation »Elemente des Settings« auf alle im materiellen Sinne »realen« Bedingungen der analytischen Tätigkeit bedeutet eine Behandlung dieser Bedingungen als Variable, die einerseits auf signifikante Weise mit den historischen und sozialen Determinanten dieser Tätigkeit und andererseits mit den theoretischen und epistemologischen Modellen der Lehre verbunden sind. Von dieser doppelten Beziehung interessiert hier vor allem der zweite Teil. Die Beschäftigung mit dem ersten würde zur Rekonstruktion einer Geschichte der Psychoanalyse in epistemologischer Hinsicht führen: eine gewiß wichtige Aufgabe, die jedoch die Grenzen dieser Untersuchung sprengt. Der zweite Teil dagegen, der die Beziehungen zwischen diesen Variablen und den theoretischen Modellen betrifft, gehört eher zu unserem Thema. Viele behaupten, daß exakte Verbindungen zwischen den Elementen der analytischen Praxis und den theoretischen und methodologischen Konzepten gegeben sind, aber tatsächlich ist dieses Argument noch sehr unklar. Da sich aber die Methode in der Praxis in erster Linie mittels der Deutung ausdrückt, war es meiner Ansicht nach unerläßlich, gewisse Aspekte der materiellen Bedingungen, unter denen die Deutung selbst vorgenommen wird, neu zu definieren, um aus der analytischen Praxis einige abstrakte und ideale Züge auszumerzen. Deshalb erschien mir die Diskussion über das Setting so wichtig.

Vielleicht ist der Weg nun deutlicher zu sehen: Sobald einmal eines der Elemente – die faktischen Bedingungen der analytischen Tätigkeit – erörtert wurde, geht es nun darum, die möglichen Verbindungen zwischen diesen Bedingungen und der angewandten Methode zu untersuchen. In der folgenden Diskussion wird man die klare Unterscheidung zwischen Setting und analytischem Prozeß verschwinden sehen; oder zumindest wird sie sich in einem gänzlich anderen Licht darstellen.

V
Das Wahre und das Falsche

Die analytische Methode wird oft so behandelt, als könnte sie für sich selbst existieren und als wäre sie mit der Wirklichkeit, in der sie angewandt wird, nur durch Beziehungen zufälliger Art verbunden. Mit anderen Worten, man verhält sich so, als könnte die Methode unabhängig von den Bedingungen ihrer praktischen Durchführung bestehen, und man reduziert daher das Problem des Settings auf das einer Suche nach der bestmöglichen Situation, in der sich die Methode anwenden läßt. Diese Betrachtungsweise führt zu den bereits zitierten Behauptungen, denen zufolge es keine Probleme mehr gibt, sobald man das bestmögliche Setting gefunden hat. Da eine Methode nur in einer konkreten Situation angewandt werden kann, erübrigt es sich, über die Verbindung zwischen den beiden Dingen zu diskutieren: Sie sind einfach, da die konkrete Situation ja nur eine faktische Voraussetzung für die Anwendung der Methode sein kann. Dieses Im-Kreis-Denken kann sogar zu der Vorstellung führen, daß das Problem des Settings nicht existiert und daß es allenfalls darum gehen kann, das Setting selbst neu zu definieren – sofern man annimmt, daß das überhaupt nötig sei –, wie ich es im vorausgegangenen Kapitel versucht habe. Bei dieser idealen Auffassung von der analytischen Situation kann die Argumentation auch innerhalb des Prozesses auf dieselben Grundlagen gestellt werden. Tatsächlich berücksichtigt man in der Analyse gewiß das *hic et nunc*, ja man macht davon sogar in der Deutung Gebrauch. So wird, zum Beispiel, die faktische Beziehung zum Analytiker auf ihre möglichen symbolischen Bedeutungen zurückgeführt. Elemente des Settings werden zwar als Bezugspunkte für andere Deutungen übernommen, aber jedenfalls handelt es sich um für den Deutungsprozeß an sich irrelevante Umstände, um Daten, die vielleicht auf historischer oder sozialer Ebene interessant sind (wie die Veränderungen des Settings), aber im wesentlichen nichts mit der Methode zu tun haben.

Anders gesagt, sobald einmal die optimalen Bedingungen für die Analyse festgelegt wurden, entwickelt es sich und behandelt diese Bedingungen mehr oder weniger nur als gegebene Tatsachen, die für die Zwecke des Prozesses irrelevant sind. Sie können wieder in den Prozeß Eingang finden, aber erst in dem Augenblick, in dem eine andere Bedeutung erscheint, die ihnen beispielsweise durch die Konflikte des Patienten verliehen wird. Und dann werden gewiß nicht die Bedingungen selbst diskutiert – die ja nur irrelevante Gegebenheiten sind –, sondern die Verschiebungen ihrer Bedeutung. Der Bereich des Settings ist bei dieser Betrachtungsweise nur die Stütze für die Tätigkeit der Deutung, das heißt der Analyse; er ist nur das, was sie praktisch ermöglicht, und damit ist jede mögliche Funktion des Settings erschöpft.

Dieser Standpunkt scheint mir im wesentlichen zwei Folgerungen zuzulassen: a) Die Analyse ist Deutung; b) die psychoanalytische Deutung ist allumfassend, das heißt, sie wird an »allem« vorgenommen, was geschieht. Was außerhalb des Bereichs der Deutung bleibt, ist nur eine Gesamtheit von Fakten, die für die Zwecke des Prozesses der Analyse ohne Bedeutung sind.

Bevor ich mich mit Punkt a) einverstanden erkläre und Punkt b) ablehne, erinnere ich daran, daß diese Betrachtungsweise viele Anhänger hat, die sie bewußt oder unbewußt vertreten. Beispielsweise nehmen alle jene diese Position ein, die in der Analyse eine Hermeneutik sehen. Diese Autoren versichern oder legen jedenfalls den Gedanken nahe, daß der analytischen Deutung nur dient, was symbolisch oder auf ein Symbol oder zumindest einen deutbaren Text reduzierbar ist. Alles, was sich nicht auf der symbolischen Ebene präsentiert, wird als selbstverständliche, stillschweigende Voraussetzung behandelt oder allenfalls als einer der – banalen, buchstäblichen – Begriffe einer Äquivalenz, die durch die Zerstörung einer Sprache verfälscht wurde (ich denke an Lorenzer) und deren ursprüngliche Formulierung die Analyse wiederherstellen kann. Habermas sagt:

»Psychoanalyse tritt zunächst nur als eine besondere Form der Interpretation auf, sie liefert theoretische Gesichtspunkte und technische Regeln für eine Deutung von symbolischen Zusammenhängen« (Habermas 1968, S. 263).

Wenn es sich so verhält und wenn sie »Sprachanalyse mit der psychologischen Erforschung kausaler Zusammenhänge vereint« (ibid., S. 266), um zu einer »Tiefenhermeneutik« zu gelangen, die ... »sich auf Texte [bezieht], die Selbsttäuschungen des Autors anzeigen« (ibid., S. 267), dann ist nicht einzusehen, welches andere Objekt außer einem entstellten Text noch für eine solche Operation nötig wäre; in der Klinik heißt das soviel wie denken, daß die Deutung nur am Symbol vollzogen wird und nur dieses betrifft. Die Situation, in der sich Analytiker und Patient bewegen, wird somit als vollkommen symbolisch aufgefaßt, daher auch als vollkommen deutbar oder als insignifikant in gewissen faktischen Aspekten. Worauf es ankommt, ist jedenfalls nur der zu deutende Text und die Modalitäten seiner Hervorbringung, das heißt das Spiel der Widerstände. Wiederum wird das Setting als ein im wesentlichen irrelevanter Umstand behandelt und die Deutung ausschließlich in den symbolischen Bereich verlegt. Sie ist nur Deutung eines Symbols ohne andere Elemente.
Habermas, der hier nur wegen der Ausdruckskraft und Bündigkeit seiner Sätze zitiert wird, beschäftigt sich nicht mit diesen Aspekten. Aber um die möglichen Konsequenzen der eben beschriebenen Auffassung zu sehen, genügt es, über die Arbeit jener Autoren nachzudenken, welche die psychoanalytische Deutung außerhalb ihres natürlichen Bereichs, nämlich des klinischen, behandelt haben. Sie haben sich so verhalten, als ginge es nur darum, diesen oder jenen symbolischen Aspekt zu deuten, was offensichtlich willkürliche und manchmal geradezu unsinnige Interventionen auf einer weiten Skala von Problemen – von politischen bis zu anthropologischen – legitimierte. Nicht immer ist diesen Leuten, die als Psychoanalytiker zu sprechen

vorgeben, bewußt, daß die Erweiterung des Begriffs der Deutung und ihre Anwendung außerhalb jeglicher Verbindung mit dem Setting die Möglichkeit, die logische Struktur der Deutung selbst zu wahren, verringert oder annulliert und ihr den präzisen und konkreten Bezugsrahmen nimmt. Es ist zwar richtig, daß die Resultate der psychoanalytischen Theoriebildung außerhalb des klinischen Bereichs genutzt werden können, aber es handelt sich dann um die Anwendung einiger Behauptungen, manchmal auch um eine Verallgemeinerung, die mehr oder weniger haltbar sein mag. Doch die eigentliche Deutung verliert außerhalb ihres natürlichen Bereichs jede wissenschaftliche Legitimität. Diese ergibt sich nur aus der Anwendung einer Methode. Wenn man sich der Täuschung hingibt, tatsächlich die ganze Wirksamkeit einer Methode ausschöpfen zu können, anstatt sich mit der Gültigkeit ihrer Resultate zufriedenzugeben, kommt man dahin, eine Gesellschaft, ein einzelnes oder kollektives Verhalten oder was immer deuten zu wollen, ohne andere Bezüge zu haben als die der Symbole und der sprachlichen Übersetzungen. Es liegt auf der Hand, daß das in der Psychoanalyse dazu führt, das Symbol für eine ontologische Tatsache zu nehmen. Diese Vorgangsweise kann auf anderen Gebieten legitim sein: Man braucht nur an die Arbeit Cassirers zu denken.* Aber was uns betrifft, verwandelt sie die analytische Methode in etwas ebenso Abstraktes wie Allumfassendes und letzten Endes Willkürliches.

Es genügt jedoch nicht, die Bedeutung dessen hervorzuheben, was ich provisorisch »Bezugsrahmen« genannt habe. Man könnte denken, es handelte sich nur darum, die psychoanalytische Deutung auf so etwas wie eine empirische Bestätigung zu stützen. Nicht darum geht es in dieser Diskussion, sondern – ich wiederhole es – um die logische Organisation der Deutung

* Ich spiele natürlich auf Cassirers berühmtes Werk *Philosophie der symbolischen Formen* an. Es braucht wohl kaum gesagt zu werden, daß die von der psychoanalytischen grundverschiedene anthropologische Methode die Untersuchungen dieses Autors und anderer voll und ganz legitimieren kann. Etwas völlig anderes jedoch ist es, wenn man sich in der Analyse nach Richtlinien dieser Art mit dem Symbolischen beschäftigt.

selbst. Ich werde diesen Aspekt zu klären versuchen, indem ich von allen Objekten das symbolischste wähle: den Traum. Er präsentiert sich auf klassische Weise als ein Text, an dem sich ohne weiteres Zutun die von Freud geschaffene Deutung entwickelt: Was braucht es noch, um ihn zu deuten, außer der Sammlung der Assoziationen und aller Phänomene des Kontexts wie die Ausarbeitungen und die Widerstände?* Und kann man im Grunde, zumindest unter gewissen Umständen, einen Traum nicht auch außerhalb der konkreten Bezüge verstehen, die wir hier diskutieren? Vielleicht kann man es; aber das methodologische Fundament wird von Freud selbst gelegt, als er von den Assoziationen spricht:

»Wenn ich einem Patienten auftrage, alles Nachdenken fahren zu lassen und mir zu berichten, was immer ihm dann in den Sinn kommt, so halte ich die Voraussetzung fest, daß er die Zielvorstellungen der Behandlung nicht fahren lassen kann, und halte mich für berechtigt zu folgern, daß das scheinbar Harmloseste und Willkürlichste, das er mir berichtet, im Zusammenhang mit seinem Krankheitszustande steht. Eine andere Zielvorstellung... ist die meiner Person. Die volle Würdigung sowie der eingehende Nachweis der beiden Aufklärungen gehört demnach in die Darstellung der psychoanalytischen Technik als therapeutische Methode« (Freud 1900, S. 537).

In einem Werk wie dem Freuds ist ein einzelner Satz sicherlich nicht entscheidend. Aber dieser enthält einen Hinweis, dem Freud, wie mir scheint, in seiner ganzen Forschung nachgegangen ist. Der von den »Zielvorstellungen« gebahnte Weg führte ihn zur Entdeckung der Übertragung. Es ist, als hätte er hier

* Ich werde weder in diesem Abschnitt noch in den folgenden die Deutung der Widerstände und damit die Arbeit über die Abwehren getrennt von der Deutung des Symbols behandeln. Gewiß steht der Begriff der Abwehr dem des Symbols keineswegs nahe, und ebensowenig kann man behaupten, daß die Abwehr in ihrem klinischen Ausdruck des Widerstands in der Übertragung immer in symbolischer Form ausgedrückt werde. Aber unter dem Gesichtspunkt der Logik der Deutung werden sowohl die symbolischen Produktionen als auch die Widerstände als deutbar behandelt, und tatsächlich werden sie mit derselben Technik gedeutet. Um die Darstellung zu vereinfachen, habe ich sie daher auf die Deutung des Symbolischen beschränkt.

den Hintergrund geschaffen, vor dem sich die symbolische Figur abzeichnet oder, wenn man will, als hätte er präzisiert, welches der Bezugspunkt des Symbols in der Psychoanalyse ist. Was Freud »Zielvorstellungen« nennt, sind Sachverhalte, die dem rein symbolischen Bereich insofern entzogen wurden, als sie die Rolle faktischer Elemente spielen, die in der Deutung des Traums ebenso wie jedes anderen Phänomens nicht deutbar sind, aber als solche dargestellt werden.

Freud wird sich immer auf dieser Ebene bewegen, sooft er von der Technik spricht und die Theorie aufbaut. Er wird sie zwar verlassen in Werken wie *Totem und Tabu* (1912–13) oder *Das Unbehagen in der Kultur* (1929). Aber er wird sich stets dessen bewußt sein, daß in Werken dieser Art nicht die analytische Methode zur Diskussion steht, sondern die Theorie vom Menschen, die man aus ihr ableiten kann. Aus diesem Grunde wiederholt Freud, daß gewisse anthropologische Thesen provisorisch, problematisch und unvollständig sind. Ein einziges Element wird von Freud als stabil angenommen: die Struktur des Deutungsprozesses. Seine Anwendung in der Praxis, das heißt in der klinischen Situation, führt zur Aufstellung theoretischer (metapsychologischer) Behauptungen, die ständig weiterentwickelt und revidiert werden. Freud ist bereit, jede Hypothese zu verwerfen, wenn sie sich durch die Anwendung der Methode als falsch oder von der allgemeinen Theorie abweichend oder als inkongruent hinsichtlich der durch die Deutung gewonnenen Fakten erweist. Aber die Methode als solche wird bis zuletzt bewahrt. In ihr sind die hier als Bezugspunkte beschriebenen Elemente nicht von der Deutung zu trennen.

All das kann nur als Bestätigung für etwas dienen, was ich schon erörtert habe: das Primat der Deutung in der Psychoanalyse. Es muß betont werden, daß jede metapsychologische Behauptung und jede technische Regel der permanenten Nachprüfung durch die Deutungsmethode unterworfen ist. Und es ist klar, daß dies der einzige Weg ist, den die Psychoanalyse gehen kann, ohne auf das Niveau einer der vielen Anthropologien abzusinken, die jederzeit auf dem Ideenmarkt zu haben sind. Doch hier müssen wir uns näher mit der Logik dieses

Deutungsprozesses befassen, den ich als stabilen Kern der Psychoanalyse darstelle, und die Rolle und die Bedeutung besser klären, die in ihm die Elemente des Settings annehmen. Wir kommen einen wesentlichen Schritt weiter, wenn wir uns an eine Untersuchung Eisslers (1953) halten, die bisher nur flüchtig zitiert wurde. Dieser Autor beschäftigt sich mit dem Problem der psychoanalytischen Technik anders als auf die traditionelle Weise und gehört zu den ersten, die zeigen, wie falsch die Dichotomie zwischen Deutungsprozeß einerseits und konkreten Elementen der analytischen Situation andererseits ist.

Man braucht hier nicht die ganze Forschungsarbeit Eisslers zusammenzufassen, aber die wesentlichen Punkte müssen genannt werden. Der Autor betont das Primat der Deutung in der Psychoanalyse, ja er macht aus ihr sogar den Kern der analytischen Technik. Er bemerkt aber, daß es nicht richtig ist, daß die Abweichungen vom Modell der Technik, das heißt die nicht deutbaren Handlungen, nur bei der Therapie psychotischer und präpsychotischer Patienten nötig sind. Eissler sieht vielmehr, daß das Modell der »orthodoxen« Technik, das heißt der Technik, die sich ganz auf die Deutung konzentriert, wie sie sich im traditionellen Setting entwickelt, zuletzt sehr beschränkt ist. Man muß eine Reihe von Dingen mit einschließen, die gewöhnlich als Abweichungen von diesem Modell betrachtet werden, aber dennoch einen Teil der meisten analytischen Behandlungen bilden. Der Autor versucht daher zu revidieren, was er *basic model technique* nennt, und dann die Abweichungen von ihr (die er »Parameter« nennt) zu definieren; und schließlich, nachdem er die Notwendigkeit erkannt hat, diese Parameter in die Therapie einzubeziehen, versucht er, Kriterien festzulegen, damit dies auf die denkbar korrekteste Weise geschehen kann. Ich will nun Eisslers Gedankengänge genauer untersuchen, ohne mich für den Augenblick um seine Schlußfolgerungen zu kümmern, aber im Hinblick auf einige Berührungspunkte mit der Diskussion, die uns hier interessiert.

Die *basic model technique* ist für Eissler die Technik, welche die Deutung als ausschließliches Modell der Tätigkeit des Analytikers übernimmt und während der ganzen Behandlung ein »Null-Niveau« an Parametern hat. »Im Idealfall beschränkt sich die Tätigkeit des Analytikers auf die Deutung« (Eissler 1953, S. 108). So formuliert Eissler das Primat der Deutung in der Psychoanalyse. Er erkennt jedoch, daß die Beschränkung auf eine »reine« Deutung beinahe nie möglich ist. Der »Idealfall« ist sehr selten, er kommt so gut wie nie vor. Sehr oft ist es nötig, »Parameter« einzuführen, das heißt Dinge zu tun, die keineswegs Deutungen noch im strengen Sinne Vorbereitungen darauf sind (siehe S. 44f.). Ein klassisches Beispiel, das der Autor zitiert, sind die Anweisungen, die Freud seinem phobischen Patienten erteilt, um die Stockung der Analyse zu vermeiden. Eissler akzeptiert daher die (»durch die klinische Beobachtung bestimmte«, S. 110) Notwendigkeit, Parameter einzuführen, und er erklärt, daß 1. ein Parameter nur eingeführt werden darf, wenn man nachweisen kann, daß die *basic model technique* nicht ausreicht, daß er 2. das unvermeidliche Minimum nicht überschreiten darf, daß er 3. nur angewandt werden darf, wenn er zuletzt zu seiner eigenen Ausschaltung führt, und daß sich 4. der Parameter auf die Übertragung nicht so auswirken darf, daß er ihre Ablösung durch die Deutung verhindert. Wie man sieht, gelangt Eissler zu Schlußfolgerungen, die in praktischer Hinsicht ohne weiteres annehmbar sind, vor allem unter dem Gesichtspunkt der Deutungstechnik und der Kontrolle über die Gegenübertragung. Aber wenn ihn seine klinische Erfahrung zu solchen Schlüssen führt, so scheint seine Methode sie nicht zu rechtfertigen. Hinsichtlich der Definition ist sein Begriff der *basic model technique* ebenso unklar wie sein Begriff des Parameters. Die *basic model technique* wird als »reine« Deutung und der Parameter als das, was nicht Deutung ist, definiert. Man reproduziert also, wie der Autor selbst sagt, das Idealmodell der Analyse: ein Modell, in dem zwei Kategorien von Dingen säuberlich voneinander getrennt sind. Die eine ist die Deutung, die andere etwas ihr völlig Fremdes, das aus »therapeutischen« Gründen eingeführt wird, das heißt, um den korrekten Ablauf des Prozesses zu gewährleisten, indem man Mittel anwendet, die ihm fremd sind. Aber das eigentliche

Problem ist dies: Ist eine konkrete Situation vorstellbar, in der »nur« die deutende Tätigkeit ausgeübt wird? Oder besser gesagt: Kann die psychoanalytische Deutung wirklich in diesen »idealen« Begriffen aufgefaßt werden? Es ist nunmehr klar, daß die Bejahung dieser Frage bedeuten würde, daß man sich eine private Situation des Settings vorstellt, das heißt eine deutende Tätigkeit, die sich im Leeren abspielt. Was tut eigentlich der Analytiker, wenn er das Arbeitsbündnis schließt? Er führt doch eine ganze Reihe von »Parametern« ein. Oder anders gesagt: Was für ein Unterschied besteht zwischen Eisslers »Parametern« und den anderen Elementen des Settings?

Um der Wahrheit die Ehre zu geben: Eissler bemüht sich, Unterschiede zu finden. Er zeigt, daß er sich der Bedeutung des Settings bewußt ist, wenngleich ihn seine Methode daran hindert, gründlicher auf das Problem einzugehen. Er betrachtet die Parameter als so etwas wie nötige, aber vorübergehende Verunreinigungen, die in der folgenden Entwicklung der Analyse wieder beseitigt werden. In diesem Sinne könnten sich die Parameter tatsächlich von den anderen Elementen des Settings unterscheiden. Der Unterschied läge in der verschiedenen Dauer – die einen wären permanent wie beispielsweise die Rollen Lochs, die anderen vorübergehend – und in der Analysierbarkeit: Die einen wären analysierbar, die anderen nicht. Aber es handelt sich um einen trügerischen Unterschied, denn in der Phase der Analyse, in der es der Analytiker für nötig hält, einen Parameter einzuführen, macht er daraus sicherlich ein Element dieses Settings, zumindest solange es nicht möglich ist, ihn zu analysieren; das heißt, er macht daraus eine der realen Bedingungen, welche die Entwicklung des analytischen Prozesses gestatten. Und eben dazu dienen ja die Parameter. Ich möchte um der größeren Klarheit willen daran erinnern, daß für Eissler die Einführung eines Parameters beispielsweise bedeutet, den Patienten zu beruhigen, und daß so etwas nur getan werden darf, wenn es für die Fortsetzung der Analyse notwendig ist. In diesem Augenblick wird nun die Beruhigung (kein Deutungsvorgang, sondern ein Verhalten des Analytikers) für notwendig erachtet, damit die Analyse weitergehen kann; andernfalls würde, um bei diesem Beispiel zu bleiben, die Angst den Patienten unter gewissen Bedingungen seines Ichs veranlassen, die Behandlung abzubrechen. Man sieht also, daß die Angst (oder die Ichbedingungen oder irgendeine andere diagnostische, analytische Gegebenheit) genau so behandelt wird wie eines jener Elemente, die man in einem bestimmten Augenblick nicht deuten kann und auf die man dennoch einwirken muß, das heißt wie eine faktische Voraussetzung der Behandlung, genau wie irgendeines der Elemente des Settings. Daß der Ursprung ein anderer ist – im Fall der gewöhnlichen Elemente die praktischen Umstände, unter denen die Analyse verläuft, in diesem besonderen Fall der psychologische Zustand des Patienten –, ist ein irrelevanter Unterschied: Was zählt, ist nicht die Natur der Dinge, sondern die Art und Weise, wie sie in der Analyse behandelt werden.

Wenn diese Argumentation korrekt ist, läßt sich die ideale Auffassung vom analytischen Prozeß als »reine« Deutung nicht aufrechterhalten, weil Eisslers *basic model technique* nicht existiert. Andererseits ist es schwer, Eissler (auch unter Berücksichtigung der Arbeiten aller, die ihm vorausgingen) nicht zuzustimmen, wenn er behauptet, daß die Analyse Deutung ist. Wie ist es möglich, diesen Widerspruch zu beseitigen? Mir scheint, es gibt keine andere Möglichkeit, als zuzugeben, daß der Begriff Deutung revidiert werden muß. Es ist wahrscheinlich, daß sich der Analytiker innerhalb einer Logik bewegt, die viel komplexer ist als die, welche der traditionellen Bedeutung des Ausdrucks Deutung zugrunde liegt. Von dieser Logik habe ich bisher erst eines klargestellt: Daß sie nicht im absoluten Sinne trennbar ist von dem, was ich in der weitesten Bedeutung des Wortes Setting genannt habe, und ebensowenig von dem, was Eissler als Verunreinigungen des Prozesses betrachtet und Parameter nennt. Diese Dinge können nicht vom Deutungsprozeß losgelöst werden, weil sie Teile von ihm bilden. Der Übergang von einer abstrakten zu einer sachlichen Auffassung der analytischen Situation kann nur so aussehen. Wir müssen uns nun gründlicher mit dem Argument befassen.

Vom Standpunkt der analytischen Technik und ihrer Theorie

aus betrachtet, gibt es nur einen Unterschied zwischen einerseits Elementen, die wir als faktisch oder durch die Umstände der Analyse gegeben betrachten, einschließlich der Parameter Eisslers, und andererseits deutbaren »Texten« (um mit Habermas zu sprechen). Dieser Unterschied findet sich gewiß nicht im innersten Wesen, sozusagen in der Natur dieser Dinge. Jedes für sich genommen, erweisen sie sich alle in bestimmten Kontexten als reduzierbar auf einen symbolischen Sinn, und die eine Kategorie dieser Elemente verschmilzt mit der anderen. Nicht nur ein Parameter, sondern auch jedes beliebige Element des Settings kann in bestimmten Situationen nicht als faktische Gegebenheit, sondern als deutbarer Text behandelt werden. Der Unterschied liegt nicht einmal in der Tatsache, daß eine Kategorie von Dingen als unerläßlich für die materielle Existenz der Analyse angesehen wird, während die andere ihren Inhalt darstellt. Tatsächlich hat man gerade in bezug auf das Setting gesehen, daß nicht immer dieselben Dinge unerläßlich sind. Die einzige von Mal zu Mal mit Sicherheit feststellbare Verschiedenheit ist durch den Deutungsprozeß selbst gekennzeichnet. Das heißt, in jeder analytischen Situation gibt es Dinge, die in einem bestimmten Augenblick nicht gedeutet werden (weil man sie für nicht-deutbar hält), während andere gedeutet werden. Ich will nun versuchen zu zeigen, daß diese Verschiedenheit der Behandlung die Grundlage des Deutungsprozesses ist und daß sich auf dieser Grundlage seine eigene Logik entwickelt.

Alle, die sich mit der Deutung befaßt haben, stimmen einer offenkundigen Prämisse zu: Deuten heißt, etwas einen anderen Sinn zuschreiben als den ausdrücklichen und offensichtlichen; es heißt, eine Botschaft entziffern, die Mehrdeutigkeit einer Rede erkennen (siehe S. 59ff.). Aber in der Praxis betrifft die Zuschreibung eines anderen Sinnes, die Deutung, nicht *alles*, was in der analytischen Situation geschieht. Wie man gesehen hat, gibt es Dinge, weder kleine noch kausale, deren Sinn buchstäblich aufgefaßt wird. Sie erfüllen die präzise Funktion eines Bezugsrahmens für den symbolischen Text. Gewiß weiß der Analytiker nicht immer, warum er deutet, das heißt, warum er nur einem Teil der Dinge, die er beobachtet, einen anderen Sinn als den manifesten zuschreibt. Er weiß aber, daß, wenn er sich nicht so verhielte, seine Deutung jeden Sinn verlieren würde und eine abstrakte und willkürliche Operation wäre. In der analytischen Situation führt also die Methode der Deutung eine Trennung herbei; sie teilt die Dinge fortwährend in zwei Kategorien ein. Der einen gehören die Dinge an, die gedeutet werden, der anderen – die der ersten als Bezugsrahmen dient – die Dinge, die in bezug auf die ersteren für *wahr* gehalten werden. Zwei verschiedene Arten, die Dinge zu behandeln, machen aus ihnen die Pole einer genauen Antinomie oder teilen sie, wenn man so will, in *wahre* Dinge und in *falsche* Dinge ein. Die Deutung legt also an und für sich schon fest, daß das, was gedeutet wird, teilweise falsch ist; sonst würde sie nicht existieren. Und wir wissen, daß in der Psychoanalyse diese Falschheit das Ergebnis einer Verfälschung ist (als berühmtes Beispiel könnte man Freuds Arbeit über den Traum oder den Mechanismus des Erinnerns anführen). Umgekehrt nehmen in diesem logischen System andere Dinge die Rolle von wahren, das heißt nicht deutbaren, nur auf sich selbst reduzierbaren Elementen an (zum Beispiel die Krankheit und der Arzt in dem Freud-Zitat auf S. 91). Ich nehme an, es ist nun klar, daß ich keineswegs die Absicht habe, unter diesen Ausdrücken verschiedene Dinge im phänomenologischen und ebensowenig im ontologischen Sinne zu verstehen. Die Tatsache, daß der Analytiker manche Dinge als falsch und andere als wahr behandelt, ergibt sich aus seiner Methode und ist unabhängig davon, daß dieser oder jener Tatsache in der Analyse effektiv eine »Wahrheit« zuerkannt wird. Die Diskussion über die »Wahrheit«, die weiter unten wiederaufgenommen werden soll, hat damit nichts zu tun. Die logische Struktur, die ich meine, gehört zum Deutungsprozeß: Dieser und nicht der gesunde Menschenverstand oder die Wahrscheinlichkeit diktiert die richtigen Bedingungen für die instrumentale Zuerkennung von »wahr« oder »falsch«. Man kann sogar eine genaue Entsprechung formulieren: In der Psychoanalyse ist das Wahre das, was man nicht deutet, und das Falsche das, was gedeutet wird (abgesehen davon, daß in der Praxis nur einige der deutbaren Dinge auch tatsächlich von Mal zu Mal gedeutet werden. Um genau zu sein, müßte ich daher sagen, daß das Falsche dem Deutbaren und das Wahre dem Nichtdeutbaren entspricht). Der potentiellen Transparenz aller als falsch behandelten Phänomene steht die harte Undurchsichtigkeit der als wahr angenommenen gegenüber, und die Dialektik des psychoanalytischen Prozesses schließt beide Pole ein.

Ich sagte, daß der psychoanalytische Prozeß die richtigen Bedingungen für die Zuerkennung der Klassifikationen »wahr« und »falsch« diktiert. Das darf nicht in dem Sinne verstanden werden, daß sich die Analyse in bezug auf die äußere Realität agnostisch verhalte und gewissermaßen aufgrund einer abstrakten Konvention vorgehe. Es ist klar, daß für einen gewissen Teil – wir denken an das Setting – das, was in der Analyse die Rolle des Wahren spielt, auch sehr präzise Beziehungen zu dieser Realität hat. Es geht um etwas anderes: Die äußere Realität tritt *nur* durch diese Pforte in die Analyse ein. Analytiker und Patient können über diese Realität diskutieren, solange sie wollen – ihre Diskussion wird immer eine außeranalytische bleiben, solange sie sich nicht auf jene Elemente gründet, die zur Struktur der Deutung gehören, das heißt auf die Elemente, die *in* der Logik der Deutung und nicht außerhalb dieser als wahr behandelt werden. Deshalb ist jeder Versuch seitens des Analytikers, das Setting gegen gewisse Anfechtungen zu verteidigen, zum Scheitern verurteilt. Nicht, daß das Setting nicht zu verteidigen wäre als Element des analytischen Prozesses, so wie wir ihn hier und heute kennen (siehe das vorausgegangene Kapitel). Es kann aber nur in diesem Sinne verteidigt werden, nicht in bezug darauf, ob man es im wissenschaftlichen Sinne als richtig oder korrekt ansieht. Ich komme auf diese Fragen im nächsten Kapitel im Zusammenhang mit der »Realitätsprüfung« zurück. Hier mag es genügen, daran zu erinnern, daß die Konstitution des Realen in der Psychoanalyse in der Geschichte begründet ist und von ihr bestimmt wird, so daß sie mit der Geschichte wechselt, und daß andererseits der Gegenstand der Psychoanalyse die Beziehung zwischen Bewußtem und Unbewußtem ist (die ihrerseits in den Wechselfällen der Geschichte gesehen wird) und nicht die Aufstellung einer Theorie der anthropologischen Wahrheit.

Doch um auf die Logik der Deutung zurückzukommen: Wie behandelt die Psychoanalyse die Beziehung zwischen den beiden Komponenten der Deutung selbst, das heißt die Beziehung zwischen Elementen, die als »wahr« und nicht weiter zerlegbar postuliert werden, und Elementen, die als falsch postuliert werden, durch die Analyse zerlegt werden können und dem psychischen Leben der beiden Mitglieder der analytischen Beziehung inhärent sind? Ich habe zuvor gesagt, daß beide Kategorien von Elementen Bestandteile des Deutungsprozesses sind, und ich habe mich damit gegen die Auffassung gewandt, daß dieser Prozeß als Methode zu sehen ist, die sich in einem abstrakten Kontext entwickelt. Wenn das stimmt, existieren in jedem beliebigen Augenblick der Analyse zwei verschiedene und miteinander verbundene logische Bereiche: eben die des Wahren und des Falschen. Aber nach der traditionellen Auffassung ist diese Trennung starr und statisch. Ihr zufolge sind im wesentlichen nur diejenigen Elemente des Settings wahr, die als unveränderlich gelten; das heißt, nur sie werden nicht gedeutet, da sie sich unwandelbar außerhalb des Prozesses befinden. Daran habe ich schon in der vorausgegangenen Erörterung des Settings meine Zweifel geäußert, insofern als ich eine Veränderlichkeit dessen zeigte, was ich horizontal nennen möchte: Das Setting ist in der Geschichte der psychoanalytischen Bewegung nicht immer gleich gewesen, es ist heute von einem Land zum anderen verschieden, und – man sieht es nun besser – das kann für die Zwecke der Theoriebildung nicht ohne Bedeutung sein. Doch für unsere Argumentation genügt es nicht, auf diese Veränderlichkeit des Settings hinzuweisen. Man könnte behaupten, es komme lediglich darauf an, daß das Setting innerhalb einer einzelnen Analyse sich selbst gleich bleibe und daher das einzige sei, was als wahr behandelt werden könne. Deshalb ist es nun an der Zeit, eine andere Veränderlichkeit der wahren Elemente zu zeigen, die ich longitudinal nennen möchte: eine Veränderlichkeit innerhalb jeder einzelnen analytischen Situation. Einzelne Elemente können, je nach den Erfordernissen des Deutungsprozesses, von einer Kategorie in die andere versetzt werden. Dinge, die bis zu einem gewissen Augenblick als wahr behandelt wurden, können danach gedeutet, das heißt als falsch behandelt werden. (Der umgekehrte Vorgang, den es vermutlich auch gibt, ist unklarer.) Es ist daher wahrscheinlich, daß bei jeder Behandlung die als wahr angenommenen Elemente nicht konstant dieselben sind, sondern daß sich zumindest ein Teil von ihnen auf einer Skala von Möglichkeiten verwandelt. Um ein Beispiel dafür zu nennen, kehre ich zu Eissler und den Parametern zurück.

Eissler behandelt den Parameter in dem Augenblick, in dem ihn der Analytiker einführt, zweifellos als ein wahres Element (siehe S. 97). Er erklärt, er müsse so eingeführt werden, daß er in den Bereich des Falschen versetzt, das heißt, daß er mit der nachfolgenden Deutung eliminiert werden kann. Wenn aber die logische Struktur der Deutung selbst so ist, wie ich sie hier beschreibe, kann die Versetzung eines Elements aus dem logischen Bereich des Wahren in den des Falschen nicht vor sich gehen, ohne daß die Leere, die es zurückläßt, ausgefüllt wird, das heißt, ohne daß es durch ein neues wahres Element ersetzt wird, das die Stelle des gedeuteten einnimmt. (Vergessen wir nicht, daß die wahren Elemente da sind, weil sie einer bestimmten Notwendigkeit des Prozesses entsprechen.) Tatsächlich geschieht folgendes: Eissler zufolge sieht man, daß der Parameter, wenn er auf korrekte und damit wirksame Weise eingeführt wurde, eine Ichentwicklung ermöglicht, die ihrerseits die Voraussetzungen für die nachfolgende Deutung des Parameters schafft. Man muß also zugeben, daß das neue, als wahr angenommene Element das Postulat der veränderten Ichbedingungen ist. Es stellt tatsächlich eine Gegebenheit dar, die nicht zerlegbar ist, sondern einfach als existierend angenommen und so behandelt wird.

Diese Argumentation läßt sich auch auf das von Strachey (siehe S. 37f.) vorgeschlagene Deutungsschema ausdehnen. Was in der Deutung mutativ ist, sagt Strachey, ist der Augenblick, in dem der Patient die fundamentale kognitive Leistung vollbringt und zwischen Phantasie-Objekt und »realem« Objekt zu unterscheiden vermag. Es scheint hier, daß es sich um die »Realität« der Person des Analytikers handelt, während sich – nach meinem Dafürhalten – nachweisen läßt, daß in der Antinomie Wahr-Falsch ein wahres Element im Spiel ist. Wenn es für den Patienten tatsächlich einfach darum ginge, zwischen einem bösen inneren Objekt und einem äußeren, das dagegen gut ist, zu unterscheiden, hätte man das Paradoxon eines Analytikers, der von Berufs wegen gut sein muß (und zu diesem Paradoxon gelangen manchmal diejenigen, die die analytische »Neutralität« so auffassen). Entscheidend ist etwas anderes. Der Patient vollbringt die fundamentale kognitive Leistung in dem Augenblick, in dem ihm die analytische Situation und die Bedingungen seines Ichs zu sehen erlauben, was er an Falschem auf den Analytiker – den er nun als wahren Begriff anwendet – projiziert hat. Dafür ist es keineswegs notwendig, daß der Analytiker gut ist – oder böse oder neutral. Selbst wenn er absurderweise seinem Patienten gegenüber böse wäre, könnte dieser unter geeigneten analytischen Bedingungen *diese* Bösartigkeit von der Bösartigkeit der eigenen inneren Erfahrungen unterscheiden. Das gleiche läßt sich natürlich von der Güte oder anderen Eigenschaften sagen. Die Grundlage der Veränderung umfaßt das wahre und das falsche Element innerhalb der Deutung.

Dieselbe Dialektik wiederholt sich ständig, denn die mutative Deutung ruft nach Stracheys Ansicht während des ganzen analytischen Prozesses eine Reihe zahlloser partieller Veränderungen des Ichs hervor. Sobald sie eingetreten sind, können diese Veränderungen zwangsläufig nur sofort als neue wahre Elemente angesehen werden. Ihre logische Rolle erkennt man an der Form der nachfolgenden Deutungen, welche die Ichveränderungen berücksichtigen, die von den vorausgegangenen bestimmt wurden. Wäre es nicht so, würde es in der Analyse keine longitudinale Entwicklung geben, sondern man würde sich in einem analytischen Patt befinden. Die ganze zeitgenössische Schule der Ich-Analyse spricht übrigens von »der Entwicklungsphase (des Patienten) angepaßten« Deutungen. Dieses Konzept impliziert nicht nur, daß sich die Deutung in einer Analyse von einem Augenblick zum anderen ändert, sondern auch, daß die Beziehung Wahr-Falsch eine Reihe von evolutiven Augenblicken durchmacht.

Die wirkliche Funktion dieser Beziehung in der Deutung beginnt also, sich zu klären. Sie ist unerläßlich auf der kognitiven Ebene. In dem Augenblick, in dem der Analytiker deutet, verlegt er das, was er deutet, in den Bereich des Falschen. Das kann er jedoch nicht tun, ohne – ob er sich dessen bewußt ist oder nicht – etwas Wahres als kognitives Bezugszeichen anzunehmen. Um auf das bereits zitierte Freudsche Beispiel zurückzukommen: Die Traumdeutung kann auf die »Zielvorstellungen« des Patienten in bezug auf die eigene Krankheit und die Person des Arztes nicht verzichten. Es ist leicht, diesen Leitbegriff nicht nur auf alle Elemente des Settings auszudehnen, sondern auch auf die Situation, die als wahr angenommen wird und das Verständnis der gedeuteten Phänomene ermöglicht. Ich weiß nicht, ob diese Begriffe auch außerhalb des psychoanalytischen Bereichs angewandt werden können, um die Deutung im allgemeinen zu verstehen, und es ist auch nicht meine Aufgabe, diese Möglichkeit zu prüfen. Es scheint mir jedoch gewiß zu sein, daß dies in der analytischen Situation die logische Struktur ist, welche die Deutung stützt. Offensichtlich handelt es sich um eine Struktur, in der die Begriffe »wahr« und »falsch« einer einzigen Kategorie angehören, und damit sind sie unteilbar. Aus diesem Grunde war die ganze vorausgegangene Argumentation nötig. Die traditionelle Ansicht neigte, ohne sich der von mir geprägten Ausdrucksweise zu bedienen, dazu, diese beiden Begriffe zu trennen und ihnen verschiedene wörtlich verstandene Bedeutungen zuzuschreiben, zwischen denen es keine logischen Berührungspunkte gab.

Die bisherigen Abschnitte haben nach und nach den Bereich des Wahren erweitert. Zunächst schien er nur die Elemente des Settings zu umfassen; dann kamen auch gewisse Rollen des Analytikers dazu. Die Erörterung der Parameter nahm sodann auch diese in denselben Bereich auf. Schließlich habe ich auch noch bestimmte Feststellungen – beispielsweise über die

Ichentwicklung – mit einbezogen, die einen Teil der metapsychologischen Theorie bilden. Hier ist eine Überlegung angebracht: Ist es also möglich, daß auch die metapsychologische Theorie in Wirklichkeit nur ein Element der logischen Struktur der Deutung ist und damit eine mitwirkende und in einem gewissen Maße variable Rolle innerhalb des analytischen Prozesses spielt? Ist es vielleicht nicht zu reduktiv, in diesen Begriffen an das großartige Gebäude der Metapsychologie zu denken?

Wir müssen einen Schritt zurückgehen. Im Zusammenhang mit Ricoeur wurde festgestellt, daß die Autonomie der psychoanalytischen Deutung mit *ihren* metapsychologischen Voraussetzungen auf überzeugende Weise demonstriert wurde. Die Metapsychologie kann daher auf zwei Arten behandelt werden: einerseits als theoretisches Gerüst, das die Deutungsmethode stützt und aus ihr macht, was sie typischerweise ist; andererseits als Gesamtheit von Feststellungen, die eine allgemeine Theorie der menschlichen Psychologie, eben eine Metapsychologie, bilden. Die Theorie aber tritt tatsächlich gerade auf diese beiden Arten in den Deutungsprozeß ein: Als seine Voraussetzung begründet und stützt sie ihn; als allgemeine affirmative Theorie über die menschliche Psychologie fügt sie sich in den Deutungsprozeß im Bereich des Wahren ein. Gewiß, der Analytiker verwendet die metapsychologische Theorie (beispielsweise um die augenblickliche Phase der Regression oder Entwicklung seines Patienten zu beurteilen) wenigstens teilweise implizite, aber die logische Rolle, die ihr zugeteilt wird, ist sicherlich die eines wahren, nicht zerlegbaren Elements. Wenn es sich aber so verhält, müßte auch eine solcherart eingeordnete Theorie den Faktoren der historischen Veränderlichkeit unterworfen sein, auf die ich zuvor hingewiesen habe. Wir hätten also zwei Funktionen der allgemeinen Theorie: eine bis heute unveränderte, die darin besteht, die Struktur der Deutung zu stützen, und eine andere innerhalb der Deutung selbst, die eines ihrer wahren Elemente darstellt. Daß die Theorie in diesem zweiten Sinne einer Reihe historischer Variationen unterworfen ist, kann uns nicht verwundern; vielmehr kann diese Betrachtungsweise verständlich machen, wie die kognitive Wirksamkeit der Analyse bei allen Modifikationen und Entwicklungen der metapsychologischen Theorie relativ unverändert zu bleiben vermag. Die Feststellungen der Psychoanalyse sind offensichtlich allen Veränderungen ausgesetzt, die ein ständiger Revisionsprozeß mit sich bringen kann. Auch innerhalb einer einzelnen Behandlung können sie eine gewisse longitudinale Veränderlichkeit aufweisen. Andererseits deutet man heute nicht mehr so wie vor dreißig oder fünfzig Jahren, aber die wirkende logische Struktur ist wahrscheinlich noch dieselbe wie damals.

Die These von der Antinomie Wahr-Falsch und die Einbeziehung der Metapsychologie als Bestätigung in die Logik dieser Kategorie können in einem weiteren Gesichtskreis gesehen werden. Sie können die Gründe für die Kritik an einer Verwandlung der Psychoanalyse in eine Ware besser verständlich machen, die versucht, sie auf eine Gesamtheit statischer und endgültiger Feststellungen zu reduzieren. Die Erhellung der methodologischen Struktur kann es ermöglichen, die Theorie als etwas radikal Offenes und Diskutierbares neu aufzustellen. Andererseits ist die Arbeit an der Methode zu einer Diskussion über die Deutung geworden, und in ihr habe ich versucht, die faktischen Modalitäten zu verfolgen, durch die die Psychoanalyse ihren eigenen Gegenstand bildet, und zwar jenseits der idealen Entstellungen und ideologischen Anwendungen der Theorie. Es ging darum, von der analytischen Praxis her den Sinn der Dinge zu erfassen, wie er in der Tätigkeit des Deutens mit allen realen Komponenten übernommen werden kann.

Die logische Struktur der Deutung wird so langsam sichtbar. Auch bei dieser ersten Annäherung scheint sie mir viel weniger in Widerspruch zu stehen zu dem dialektisch-materialistischen Ansatz, den man, wie immer man die Dinge auch sieht, der Psychoanalyse zuerkennen muß. Diese Perspektive wirft vielleicht mehr Probleme auf, als sie löst, aber das darf uns nicht daran hindern, sie zu sehen. Ich will nun im folgenden Teil einige in dem soeben angedeuteten Gesichtskreis neu formulierte spezifische Probleme diskutieren.

VI
Zur Realitätsprüfung

Die Wahl einer bestimmten Antinomie unter den vielen möglichen ist nicht zufällig: Die von mir vorgeschlagene hat eine präzise Funktion, insofern sie brauchbar ist, um einige Aspekte der logischen Struktur der psychoanalytischen Deutung zu erfassen. Ich möchte meiner Wahl keinen Wert zuschreiben, der den ihrer Funktion übersteigt, aber ich muß kurz bei diesem Problem verweilen. Die vorgeschlagene Antinomie birgt die Gefahr einer Verwechslung in sich. Man könnte die Antinomie Wahr-Falsch der gut bekannten Real-Phantastisch gleichsetzen. In diesem Falle würde die ganze vorausgegangene Diskussion scheinbar nur den Begriff der Realität in der Analyse betreffen. Mit anderen Worten, man könnte denken, daß der Ausdruck »wahr«, so wie ich ihn gebraucht habe, gleichbedeutend mit dem Ausdruck »real« sei, wie ihn Freud gebraucht. Freud spricht nicht oft von der Realität, aber wenn er es tut, verwendet er diesen Ausdruck beinahe immer, um ihn (als »äußere Realität«) der inneren Dynamik des Individuums gegenüberzustellen.

Es ist jedoch klar, daß die beiden Begriffe einen grundverschiedenen Ursprung haben. Die äußere Realität als Gegensatz der inneren ist ein Element der psychoanalytischen Theorie. Als solches hat der Begriff einen Platz und eine Rolle in der Theorie selbst, in Verbindung mit den anderen Elementen, aus denen sie sich zusammensetzt. Die von mir verwendete Antinomie dagegen ist nur ein Instrument, um über etwas nachzudenken, was schon besteht, wie die analytische Praxis. Sie ist nur vorstellbar, nachdem man eine existierende Methode akzeptiert hat, weil sie ebendem Studium dieser Methode dient. Wie man sich erinnern wird, entsteht die Antinomie Wahr-Falsch nicht aus der mehr oder weniger realen Qualifikation der Dinge, sondern aus der Behandlung, die diesen durch die Deutung zuteil wird. Sie kann daher nur dazu dienen, die Deutung selbst zu verstehen, die als gegeben und wirkend angenommen wird.

Es kommt daher nicht auf den Vergleich zwischen diesen beiden Begriffen an, so als befänden sie sich auf derselben Ebene. Es kann sich vielmehr nur darum handeln, die konkreten Formulierungen des Freudschen Standpunkts in der analytischen Situation zu diskutieren; das heißt, das zuvor vorgeschlagene logische Schema kann dazu verwendet werden zu verstehen, wie sich die analytische Theorie der Realität in der Praxis ausdrückt.

Im allgemeinen Sinne verglich Freud bekanntlich die Möglichkeit, die äußere Realität zu erkennen, mit der, die innere Realität zu erkennen, wobei letztere – zumindest in einem berühmten Abschnitt – dem Unbewußten gleichgesetzt wurde:

»Das Unbewußte ist das eigentlich reale Psychische, *uns nach seiner inneren Natur so unbekannt wie das Reale der Außenwelt, und uns durch die Daten des Bewußtseins ebenso unvollständig gegeben wie die Außenwelt durch die Angaben unserer Sinnesorgane*« (Freud 1900, S. 617f).

In der Folge modifizierte Freud teilweise diese agnostische Position in dem Sinne, daß er eine Struktur oder besser eine psychische Instanz postulierte, deren Aufgabe es ist, die von den Sinnesorganen kommenden »Angaben« zu verarbeiten, um eine teilweise Erkenntnis der äußeren Realität und ein Urteil über sie zu ermöglichen: die Realitätsprüfung. Durch die Realitätsprüfung also bezieht das Individuum eine Stellung zur Wirklichkeit. Mit der Realitätsprüfung (nicht mit dem Realitätsprinzip, das eine viel indirektere Beziehung zur Praxis hat) muß man sich daher in dieser Diskussion auseinandersetzen. Man muß zu verstehen versuchen, wie sich die Realitätsprüfung in der von mir skizzierten Logik ausdrückt. Im Mittelpunkt steht nach wie vor die konkrete analytische Situation, denn sie stellt den unveränderlichen Rahmen dieser Untersuchung dar. Betrachten wir zunächst genauer die Definitionen des Begriffs, der uns hier interessiert.

Der Begriff der Realitätsprüfung wird von Freud wiederholt vorgeschlagen, aber seine Einordnung in die Metapsychologie ist zum Teil unsicher. Zum erstenmal spricht Freud davon in den »Formulierungen über die zwei Prinzipien des psychischen Geschehens« (1911), wo er sich mit der Definition des Realitätsprinzips befaßt:

»Es wurde eine besondere Funktion eingerichtet, welche die Außenwelt periodisch abzusuchen hatte, damit die Daten derselben im vorhinein bekannt wären, wenn sich ein unaufschiebbares inneres Bedürfnis einstellte, die *Aufmerksamkeit* ... Wahrscheinlich wurde gleichzeitig damit ein System von *Merken* eingesetzt, welches die Ergebnisse dieser periodischen Bewußtseinstätigkeit zu deponieren hatte, ein Teil von dem, was wir *Gedächtnis* heißen. An Stelle der Verdrängung ... trat die unparteiische *Urteilsfällung*, welche entscheiden sollte, ob eine bestimmte Vorstellung wahr oder falsch, das heißt im Einklang mit der Realität sei oder nicht, und durch Vergleichung mit den Erinnerungsspuren der Realität darüber entschied« (Freud 1911, S. 232f).

Beinahe unbemerkt blieb im folgenden Abschnitt die erste Erwähnung des Ausdrucks »Realitätsprüfung«:

»Mit der Einsetzung des Realitätsprinzips wurde eine Art Denktätigkeit abgespalten, die von der Realitätsprüfung frei gehalten und allein dem Lustprinzip unterworfen blieb« (ibid., S. 234).

Dieser Satz ist nun der am häufigsten zitierte, wenn man von der Realitätsprüfung spricht. Nagera (1974) weist darauf hin, daß er nur einer der vielen diesem Text vorausgehenden und folgenden Sätze Freuds ist, in denen der Begriff ausgearbeitet wird. Immerhin ist klar, daß er jene Funktionen einschließt, die Freud dem Realitätsprinzip zuschrieb, wenn er auch keineswegs mit diesem identisch ist: Der eine ist sichtbar als Gegenüberstellung zum Lustprinzip, der andere bezieht sich auf einen psychischen Apparat, der sozusagen für sich allein steht. Man kann aber behaupten, daß bei der Realitätsprüfung sowohl die Funktion der Aufmerksamkeit als auch die des Gedächtnisses zusammenwirken und daß sie aus dem besteht, was Freud als Urteilsfällung des Ichs definiert. Weniger klar ist die Metapsychologie des Konzepts: Zum Beispiel versteht man nicht ganz, welche Rolle die Besetzungen der Aufmerksamkeit im Verhältnis zur Rolle der Hemmung spielen, die das Ich, wie Strachey bemerkt*, durch den Sekundärprozeß einführt, um den »Realitätszeichen« zu gestatten, zum Ich durchzudringen. Mit anderen Worten, es ist nicht leicht zu entscheiden, ob die Realitätsprüfung durch die Besetzungen (oder Überbesetzungen) der Aufmerksamkeit ermöglicht wird oder vielmehr durch die Hemmung, die vom Ich durch den Sekundärprozeß auf andere Vorstellungen ausgeübt wird – oder durch beide Funktionen gemeinsam und in welchem gegenseitigen Verhältnis sie in diesem Falle zueinander stehen.

Ohne diese Diskussion ausführlicher fortzusetzen, kann man immerhin noch festhalten, daß Freud die Realitätsprüfung als eine Ichfunktion definiert hat, die dazu dient, die von der äußeren Realität eintreffenden Informationen zu verarbeiten,

* In einer Anmerkung in der *Standard Edition* der Werke Freuds, die von Nagera (1974) zitiert wird. In bezug auf Strachey, auf den ich in diesem Abschnitt noch einmal zurückkomme, ist noch zu bemerken, daß sein Begriff der mutativen Deutung heute von einigen Autoren zur Diskussion gestellt wird. So scheint, zum Beispiel, Sandler in der Debatte auf dem Londoner Kongreß, von der Naiman (1976, S. 416) berichtet, diese Definition im Hinblick auf die Skala der mit neuen theoretischen Konzepten verknüpften möglichen Interventionen zu restriktiv zu finden. Mir scheint jedoch, daß diese Art von Kritik die Substanz der Arbeit Stracheys, die uns hier interessiert, nicht berührt. Der Autor hatte es sich zur Aufgabe gemacht, aus der Theorie ein Modell der Logik der Intervention abzuleiten. Die Feststellung, daß es andere mögliche Interventionen gibt, die *direkt* von Entwicklungen der Theorie suggeriert werden, kann jedoch dem Problem der *Logik* der Deutung nichts hinzufügen und nichts wegnehmen. Strachey selbst gab übrigens die Existenz anderer Aktionsweisen in der Analyse zu. Auf logischer Ebene ordnete er sie, wie ich schon sagte, dem Modell unter, das als das fundamentale betrachtet wird. Mir scheint, daß man in diesem Sinne nicht sagen kann, Strachey sei überholt.

um ihre teilweise Kenntnis zu erlauben, vor allem aber um den Vergleich zwischen der äußeren Wirklichkeit und den inneren Vorstellungen zu ermöglichen, die einen anderen, komplexen Ursprung haben (Triebe und ihre Abkömmlinge, Erinnerungsspuren und ihre Verarbeitungen etc.). Vom Standpunkt der Konstruktion der Theorie aus ist die logische Notwendigkeit eines Begriffes dieser Ordnung klar, und auch seine Rolle ist sichtbar. Es geht nun darum festzustellen, auf welche Weise die Realitätsprüfung in der analytischen Situation konkrete Formen annimmt und welche Beziehung die beiden Teilnehmer an dieser Situation zu ihr haben. Auf den ersten Blick scheint es sehr leicht zu sein, den Zustand der Realitätsprüfung eines Patienten in der Analyse zu beobachten. Tatsächlich kann die Frage aber sehr komplex sein. Nagera warnt seine Leser gewissermaßen in einer Fußnote, die meiner Ansicht nach mehr bedeutet oder impliziert, als ihr buchstäblicher Sinn erkennen läßt:

»Der Begriff der Realitätsprüfung wird oft mit denen der Orientierung nach der Wirklichkeit, der Bewußtheit der Wirklichkeit und der Anpassung an die Wirklichkeit verwechselt. Die Orientierung nach der Wirklichkeit ist ein psychiatrischer Begriff, der die Tatsache beschreibt, daß es in einem Individuum eine Bewußtheit der eigenen Lage in bezug auf die Zeit, den Raum, die Menschen etc. gibt. Die Bewußtheit der Wirklichkeit ist das Ergebnis der Realitätsprüfung, eine größere oder geringere Kenntnis der Trennung zwischen innerer und äußerer Welt. Die Anpassung an die Wirklichkeit umfaßt die individuelle Bewußtheit des Unterschieds zwischen den Wahrnehmungen oder Reizen der Außenwelt und den Regungen, Wünschen und Phantasien der Innenwelt sowie das Handeln des Individuums in bezug auf eine solche Bewußtheit« (Nagera 1974).

Diese Anmerkung scheint nur von dem Wunsch nach Klarheit diktiert zu sein. Aber die genauen Ausführungen schießen offensichtlich über das Ziel hinaus: Auf theoretischer Ebene ist es sicherlich nicht wahrscheinlich, daß beispielsweise die zeitlich-räumliche Orientierung der Psychiatrie leicht mit der Realitätsprüfung der Psychoanalyse verwechselt werden kann. Die Realitätsprüfung spielt auch in den von Nagera erwähnten Prozessen eine Rolle, aber es handelt sich um ganz verschiedene Dinge. Man kann allerdings vermuten, daß Nagera nicht so sehr an die theoretische Definition, sondern vielmehr an die praktische Anwendung der Begriffe denkt. In diesem Sinne lassen sich seine Skrupel erklären. So wie es mit den psychiatrisch-deskriptiven Begriffen geschieht, kann auch der Begriff der Realitätsprüfung in der Klinik so verwendet werden, als ließe er sich nur objektiv verifizieren. Mit anderen Worten, die Befürchtung betrifft nicht so sehr die mögliche begriffliche Verwirrung als vielmehr die Anwendung und die Rolle der Begriffe. Zeitlich-räumliche Orientierung, Bewußtheit der Wirklichkeit, Anpassung – das sind Begriffe beschreibender Natur, und sie beziehen sich auf Dinge, die außerhalb der analytischen Methode objektiv beobachtet werden können. Es besteht aber die Gefahr, daß auch die Realitätsprüfung als ein Begriff dieser Art gesehen wird, das heißt, daß sich der Analytiker wie irgendein außenstehender Beobachter verhält, um den Zustand der Realitätsprüfung seines Patienten zu beurteilen. Wenn das tatsächlich immer geschähe, würde sich die Realitätsprüfung ganz dem Bereich der Deutung entziehen, das heißt, sie könnte nicht als strukturelles Element der Theorie verwendet werden. Sie würde etwas beschreiben, was objektiv gesehen werden muß. Daraus könnte sich für Nagera die Notwendigkeit der genauen Beschreibung ergeben: Tatsächlich könnte, so betrachtet, die Fähigkeit des Patienten, eine korrekte Realitätsprüfung vorzunehmen, leicht mit Dingen wie seiner zeitlich-räumlichen Orientierung oder seinen Fähigkeiten, sich der Wirklichkeit anzupassen, verwechselt werden.

Um aber den Begriff in den Bereich der analytischen Theorie zurückzubringen, genügt es nicht, seine Definition anzuführen; man muß auch begreifen, wie er sich in die Praxis einfügt. Nur eine korrekte Anschauung von der Realitätsprüfung innerhalb des analytischen Prozesses verhindert die Verwechslung mit psychiatrischen oder rein deskriptiven Begriffen.

Welche Mittel stehen dem Analytiker zur Verfügung, um die

Realitätsprüfung seines Patienten zu verifizieren? Sicherlich ist, wie ich sagte, eine objektive Verifikation möglich: Man kann beispielsweise beobachten, wie weit der Patient das, was er wahrnimmt, in das verwandelt, was er wünscht. Wer jedoch Erfahrung als Analytiker hat, wird sich mit dieser Beobachtung nicht zufrieden geben, insofern nämlich, als sie sich nicht von der eigentlichen analytischen Methodologie herleiten läßt. Auf gleiche Weise kann man in der Analyse auch die psychiatrische Diagnose anwenden. Manchmal ist sie provisorisch nützlich, aber das heißt nicht, daß man sich an die wissenschaftliche Methode der Analyse gehalten hat (unabhängig von der operativen Wirksamkeit dieses Vorgehens). Was kann andererseits der analytische Gebrauch der Realitätsprüfung bedeuten? Offensichtlich geht es darum, letztere in den Bereich des Deutungsprozesses einzuordnen, das heißt zu sehen, welchen Platz sie in der Deutung einnimmt. Es wird sofort klar, daß sie ein Bestandteil der Struktur der Deutung selbst ist.

Zwei Zitate. Das erste aus Laplanche und Pontalis (1973, S. 431):

»Realitätsprüfung: Von Freud postulierter Vorgang, der es dem Subjekt ermöglicht, die aus der Außenwelt stammenden Reize von den inneren zu unterscheiden und einer Verwechslung zwischen dem, was das Subjekt wahrnimmt, und dem, was es sich lediglich vorstellt, zuvorzukommen ...«

Das zweite ist von Strachey. Er definiert (siehe S. 37f.) als »mutativen« Augenblick der Deutung denjenigen, in dem der Patient »sich eines Unterschiedes zwischen dem Objekt ... seiner Phantasie und dem realen Objekt bewußt wird«.

Die Übereinstimmung stellt einen Punkt klar: Die Deutung ist es, die diese spezifische Realitätsprüfung ermöglicht, um die es sich in diesem Augenblick der Analyse handelt und ohne die der symbolische Sinn nicht erforschbar wäre; und umgekehrt wird die Deutung ihrerseits ermöglicht durch die vom Patienten erlangte Fähigkeit, diesen spezifischen kognitiven Akt, diese Realitätsprüfung, zu vollziehen.

In der Darstellung Stracheys ist das »reale Objekt« der Analytiker. Die Frage erfährt eine weitere Klärung durch den bereits zitierten Abschnitt von Freud (siehe S. 91) mit dem Akzent auf den »Zielvorstellungen« (die man nun leicht als Erinnerungsspuren und mit Aufmerksamkeitsenergien überbesetzte Wahrnehmungen erkennt – Bedingungen, die eine spezifische Realitätsprüfung am Analytiker erlauben).
Wenn es sich so verhält, spielt die Realitätsprüfung eine fundamentale Rolle innerhalb der Struktur der psychoanalytischen Deutung. Sie ist für sie unentbehrlich, da sie dem Patienten diesen Vergleich zwischen äußerer und innerer Wirklichkeit erlaubt, der der Deutung selbst einen Sinn verleiht. Nach diesem Vergleich kann man dann tatsächlich auch eine genauere *Beschreibung* des Symbolischen erhalten, aber die Deutung ist bereits vorgenommen worden. Man muß jedoch bedenken, daß dieser Prozeß notwendigerweise die Übertragung voraussetzt; nicht, weil er nicht auch außerhalb der analytischen Situation möglich wäre, sondern weil innerhalb dieser die Unterscheidung zwischen realem Objekt und imaginärem Objekt in erster Linie an der Person des Analytikers vollzogen wird. Die Realitätsprüfung hat somit ihren eigentlichen Platz innerhalb des Prozesses. Die Rückkehr zur Methode ist möglich. Das Urteil über die Fähigkeit des Patienten, aufeinanderfolgende Realitätsprüfungen bei jeder Begegnung mit einer Deutung vorzunehmen, ist nun kein objektives Urteil mehr, sondern kann typisch intersubjektiv werden: Es entsteht als eine Entwicklung des Prozesses und eine Verifikation des bereits Geschehenen, das heißt der vollzogenen Deutung.

Ich habe zwischen zwei Modalitäten, die Realitätsprüfung des Patienten zu behandeln, unterschieden (aber in bezug auf den Analytiker wird die Frage der Gegenübertragung auch nicht auf eine strukturell andere Weise geklärt). Ich habe eine dieser Modalitäten als »objektiv« definiert und die andere als »intersubjektiv« oder durch den Prozeß bedingt. Die erste, die zwar eine gewisse Wirksamkeit haben kann, ist der Methode fremd und entzieht sich der ihr eigenen Verifikation; sie hängt vom

Scharfsinn und gesunden Menschenverstand des Analytikers (manchmal auch des Patienten) ab und nicht von eigentlichen analytischen Instrumenten. Die zweite dagegen kann, da sie ein strukturelles Element der Deutung ist, als ein mit der Methode übereinstimmendes Instrument betrachtet werden. Dieser letztere Punkt hat einige Implikationen, die einer Erörterung bedürfen.

Wenn die Realitätsprüfung eine Ichfunktion ist, welche die Aufgabe hat, das, was der Außenwelt angehört, von dem zu unterscheiden, was der inneren Welt angehört, so geht diese Funktion in der analytischen Situation offensichtlich von der Person des Analytikers aus. Aber die Wirklichkeit in der Analyse, das heißt die äußere Realität, die innerhalb des Prozesses berücksichtigt werden muß, ist nicht nur die der Person des Analytikers. Sie ist die ganze Wirklichkeit der analytischen Situation in ihren wahrnehmbaren oder jedenfalls durch die Wahrnehmungen des Patienten verifizierbaren Aspekten. Es geht also nicht nur um die Person, sondern auch um die Rollen des Analytikers und vor allem um das Setting. Dies ist die Realität, der, um die vorgeschlagene Antinomie zu gebrauchen, die Rolle des Wahren im Gegensatz zum gedeuteten Falschen anvertraut wird. Und um auf etwas zurückzukommen, was bereits gesagt wurde: Dies ist auch der bisher vernachlässigte, weil auf abstrakte Weise als etwas Unveränderliches und Ahistorisches betrachtete Aspekt. Es ist, als nähme man als selbstverständlich an, daß das Setting und die Rollen nichts anderes sein können als das, was sie sind, weil es die Methode so fordert. Nun läßt die teilweise Erhellung der Deutungslogik sichtbar werden, daß diese Einstellung zwar bequem, zum Teil aber auch irreführend ist. Angesichts der Funktion des Settings als kognitiver Bezugspunkt ist klar, daß es praktischer ist, es als Fixpunkt zu behandeln und seine Beweglichkeit nicht zu sehen. Andererseits wird aber dadurch verhindert, daß man begreift, was meiner Meinung nach die Deutungstätigkeit in ihren wirklichen Komponenten ist.

Wenn es sich so verhält, sind noch einige Zusätze zu erörtern. Erstens, die Elemente der Wirklichkeit gehen in die Antinomie

Wahr-Falsch ein und nehmen den Platz des Wahren ein; und sie sind die materiellen und historischen Kennzeichen der Ausübung des Berufes des Analytikers und der faktischen Rollen des Analytikers und des Patienten (wie bereits in bezug auf das Setting erklärt wurde). Zweitens, die äußere Wirklichkeit hat viele und verschiedene Möglichkeiten, sich sozusagen in die analytische Situation einzuführen. Patient und Analytiker bewegen sich in ganz bestimmten historischen, sozialen und materiellen Situationen; sie sind sicherlich nicht losgetrennt von der Geschichte, der Politik oder der Wirklichkeit der Welt, in der sie leben. Über all diese Dinge kann man sprechen und spricht man auch tatsächlich während der Analyse. Wir wissen, daß es manchmal so scheint, als führten Analytiker und Patient in ihre Arbeit eine ideologische Diskussion ein, als verglichen sie mehr oder weniger direkt die beiderseitigen geistigen oder politischen Einstellungen. All das kann geschehen, aber es wäre falsch zu denken, es handle sich dabei um einen Einbruch der äußeren Realität in die Analyse. In diesen Fällen wird die Wirklichkeit in derselben materiellen Situation diskutiert, in der die Analyse verläuft, an dem Ort und in der Zeit, die ihr in aller Form gewidmet sind. Aber diese Diskussion hat nichts mit dem Prozeß zu tun, das heißt, sie bildet keinen seiner Bestandteile. Die Tatsache, daß sie stattfindet, kann allerdings eine Bedeutung haben, die den analytischen Prozeß berührt: Es kann sich, zum Beispiel, um das handeln, was Eissler einen »Parameter« nennen würde, oder um einen Aspekt der Gegenübertragung oder um einiges andere. Aber die Diskussion über die äußere Realität schließt diese nicht erst in den Prozeß ein. Sie ist schon da in Gestalt der einzigen Elemente, die der Prozeß in Betracht zieht: jener nämlich, denen die Rolle des Wahren in bezug auf das Falsche zufällt, das in diesem Augenblick gedeutet wird. Nur auf diesem Weg dringt die äußere Realität in die Analyse ein; in der Praxis durch das Setting und die Rollen und schließlich alles, was zum Bereich des Wahren der logischen Struktur der Deutung gehört.

In bezug auf die als wahr behandelten Elemente muß hier daran erinnert werden, daß ich zu ihnen auch die psychoanalytische

Theorie, zum Beispiel die Metapsychologie, in ihren affirmativen Aspekten gerechnet habe. Wie ich andeutete, handelt es sich um einen präzisen historisch-materiellen Aspekt. Man kann gewiß nicht ausschließen, daß Faktoren, die zur Soziologie der Erkenntnis gehören, auf die verschiedenen Entwicklungen der Theorienbildung in der Psychoanalyse einwirken. Ohne auf diese Fragen näher einzugehen, muß zugegeben werden, daß die Entwicklungen der Theorie nicht nur eine »reine« wissenschaftliche Errungenschaft darstellen, sondern auch der Spiegel bestimmter Wechselfälle historischer, sozialer und politischer Natur sind; anders gesagt, sie spiegeln spezifische Realitäten bestimmter Kulturen. Beispiele würde man sicherlich genug finden, wenn man sie suchen wollte.* Aber hier kommt es nur darauf an, noch einmal festzustellen, daß diese Faktoren dadurch in den analytischen Prozeß Eingang finden, daß sie als wahre Elemente der Deutung angenommen werden.

Gegen diese Feststellung ließe sich ein Einwand vorbringen. Man kann sicherlich nicht behaupten, daß die in den Bereich des Wahren aufgenommenen Elemente – von den Rollen des Analytikers bis zum Setting und bis zur Anwendung der Theorie – immer im ausdrücklichen Sinne einen Teil der psychoanalytischen Deutung bilden. In Wirklichkeit ist das sogar nur selten wahr. Was die theoretischen Aspekte betrifft, geschieht es beinahe nie, daß sie in der Deutung ausdrücklich diskutiert werden. Doch das nimmt dem, was ich zuvor sagte, nichts von seiner Gültigkeit. Tatsächlich geht es hier ja auch nicht darum zu beschreiben, was in der Deutung geschieht, so als handelte es sich um Dinge, die alle und gänzlich klar und deutlich werden; vielmehr bleiben in der Dialektik Wahr-Falsch die wahren Begriffe oft nur impliziert. Sie werden sozusagen als selbstverständlich aufgefaßt. Sobald sie die Falschheit der anderen bestätigt haben, konzentriert sich die Aufmerksamkeit des Analyti-

* Man braucht nur an die Verbindungen zwischen den verschiedenen theoretischen Entwicklungen der Psychoanalyse in den europäischen Ländern und in den Vereinigten Staaten und an die Realitäten der verschiedenen Kulturen dieser Länder zu denken, um sich ein Bild von dem Problem zu machen.

kers und des Patienten auf letztere – die symbolischen Begriffe. Dieser zweite Teil der Deutung, das Verstehen des Symbolischen, wird jedoch nur durch das Gelingen des ersten Teils ermöglicht, zu dem die Realitätsprüfung als am Wahren-Falschen vollzogener kognitiver Akt gehört. Das heißt, daß angesichts einer psychoanalytischen Deutung der Patient immer aufgefordert wird, seine Realitätsprüfung vorzunehmen, und diese umfaßt ebenso die expliziten wie die impliziten Teile. Die logische Rolle der wahren Elemente bleibt daher unverändert, unabhängig davon, daß sie auf verbaler Ebene klar ausgedrückt werden.

Den wahren Elementen fällt, wie man gesehen hat, die Rolle zu, die konkreten und beiderseits verifizierbaren Bezugspunkte der analytischen Deutung darzustellen. Diese Rolle kann auch erhalten bleiben, wenn die Bezugspunkte nur zum Teil klar sind, aber sie darf nicht vernachlässigt werden, als existierte sie nicht. Geschieht dies, so scheint sich der Analytiker auf den ersten Blick wie jemand zu verhalten, der sich nur mit dem Deutbaren, das heißt dem Symbolischen, befaßt, ohne sich um etwas anderes zu kümmern; der Diskurs scheint sich gänzlich im Bereich des Falschen zu entwickeln. Es ist jedoch leicht, das Gegenteil zu beweisen, das heißt, daß der Diskurs in diesem Fall gänzlich im Bereich des Wahren bleibt. Die so verstandene Zuerkennung einer Bedeutung ist nicht nur eine willkürliche Operation (denn sie ist mangels wahrer Bezugspunkte nicht verifizierbar und kann auf jede beliebige Weise vorgenommen werden), sondern potentiell auch unpositiv. Die Bedeutung wird zuerkannt, als wäre sie das einzig Wahre, und natürlich besteht die Gefahr, die Übertragung auszunutzen, um dem Patienten eine psychoanalytische Ideologie aufzunötigen, das heißt ihn dazu zu zwingen, ein Dogma zu akzeptieren. Die logische Struktur der Deutung geht verloren, und die Deutung selbst wird lediglich zu einem abstrakten Urteil. Daß der Inhalt dieses Urteils plausibel ist oder sogar auf andere Weise verifizierbar (beispielsweise durch die Kenntnis, die der Analytiker von seinem Patienten besitzt), hat nichts mit der Entwicklung des analytischen Prozesses zu tun. Wir wissen vielmehr, daß die passive Hinnahme einer Pseudointerpretation dieser Art die Auslösung des Prozesses verhindern kann.

Die Realitätsprüfung erweist sich daher als eine Ichfunktion, die für die korrekte Entfaltung der analytischen Methode in der Praxis unerläßlich ist. Sie ergründet innerhalb der Analyse die Beziehung Wahr-Falsch, die Grundlage der logischen Struktur der Deutung. Dieses Konzept kann dazu verwendet werden, die Reichweite und die Grenzen der psychoanalytischen Erkenntnis zu verifizieren. Bleibt man auf der methodologischen Ebene und betrachtet man die Erkenntnis als kognitive Errungenschaft in der Praxis, so zeigen meine Ausführungen, daß diese durch die Realitätsprüfung zustandegekommene Errungenschaft nicht nur insofern relativiert wird, als sie der Verifikation und dem Konsens der beiden Mitglieder der analytischen Beziehung unterworfen ist, wie Loch (1974) versichert. Ihre Relativität ist sozusagen innewohnend, strukturell, denn die Realitätsprüfung in der Analyse wird am Wahren und am Falschen als untrennbaren Bestandteilen einer Antinomie vorgenommen. Das heißt, was gedeutet wird, ist nur relativ erkennbar verglichen mit dem, was nicht gedeutet, sondern als wahr angenommen wird. Von beidem gestattet also die Realitätsprüfung eine in sich selbst relative, das heißt eine partielle und bestimmten Bedingungen unterworfene Erkenntnis; und das nur in der von der Logik der Deutung geschaffenen spezifischen Situation.

Aus dieser Darstellung ergibt sich eine Auffassung von der Analyse, die man als zu beschränkt betrachten könnte. Man könnte, zum Beispiel, einwenden, daß nur ein einzelner zeitlicher Abschnitt der Analyse scharf eingestellt wird und daß man die Dimension des analytischen Prozesses mit der entsprechenden Entwicklung der Persönlichkeit außer acht läßt. Dennoch behaupte ich, daß es an dieser Stelle legitim ist, eine solche Entwicklung in erster Linie unter dem Gesichtspunkt der kognitiven Errungenschaften zu betrachten. Einerseits bleibt diese ganze Darlegung sozusagen diesseits der spezifischeren Überlegungen bezüglich der Dynamik der Analyse im klinischen Sinne; andererseits bedeutet die Betrachtung der Analyse als

Prozeß meiner Meinung nach nicht, daß man eine Ideologie der Entwicklung als Reifung oder gar Erlangung einer Wahrheit akzeptiert. Die Reichweite der von der Psychoanalyse geschaffenen kognitiven Instrumente wird gründlich diskutiert. Wenn diese Instrumente tatsächlich innerhalb der analytischen Situation angewandt werden, bieten sie eine sehr große Summe von Errungenschaften, aber außerhalb dieser Situation ist ihre Anwendung doch fragwürdiger. Die logische Struktur der Deutung, wie sie hier diskutiert wurde, gründet sich auf die analytische Situation. Die Realitätsprüfung anhand der Antinomie Wahr-Falsch setzt Elemente wie das therapeutische Arbeitsbündnis, die Funktion der Mitglieder der analytischen Beziehung, die Übertragung und den analytischen Prozeß voraus; diese Elemente durchziehen die ganze Analyse, sie sind außerhalb der Analyse nicht anzutreffen. Daher kann die Deutung nur in ihrer Anwesenheit vorgenommen werden, um ihre Struktur und die Möglichkeit der wissenschaftlichen Verifikation beizubehalten. Außerhalb der Analyse ist es gewiß legitim, die Daten zu verwenden, die die Theorie und die analytische Praxis als affirmative Feststellungen liefern. Man kann aber nicht im strengen Sinne des Begriffs deuten. Man muß auf die Methode verzichten, und es bleibt daher nichts anderes übrig, als allgemeine, der Theorie entlehnte Prinzipien aufzustellen oder psychoanalytische Modelle zu verwenden, um Fakten einer anderen Ordnung zu erklären (zum Beispiel soziale oder politische oder kulturelle etc.). Es ist an dieser Stelle wohl überflüssig, die Gefahren einer solchen Anwendung hervorzuheben.

Das bedeutet freilich nicht, daß man der Psychoanalyse jegliche Möglichkeit absprechen müßte, zu einer anderen Anthropologie beizutragen. Ihre Methode hat auf diesem Gebiet sogar schon einen fundamentalen Beitrag geleistet. Aber wenn man die Spezifität ihrer Deutungsmethode nicht respektiert, kann man sie nur zu leicht auf eine banale, abstrakte Sinngebung reduzieren.

VII
Probleme

Der Gegenstand dieser Arbeit ist die logische Struktur der psychoanalytischen Deutung; aber es wird in ihr auch die methodologische Perspektive erkennbar, in der das Thema diskutiert wurde. Diese Perspektive und der Versuch, das Problem neu zu sehen, haben mich veranlaßt, die Diskussion über die Deutung wie eine Diskussion über die analytische Praxis zu führen. Ich bin, wie mir scheint, so zu einigen Hypothesen gelangt, welche die Analyse-Operationen und ihren Sinn, bezogen auf die Theorie, in einen anderen als den allgemein üblichen Erklärungszusammenhang stellen. Die Natur der Untersuchung verbietet mir jedoch Schlußfolgerungen: Ich habe versucht, einen möglichen Weg zu zeigen, aber nicht, ihn bis zum Ende zu gehen. Die bisher aufgestellten Hypothesen müssen als provisorisch betrachtet werden, die Argumentation bleibt in mindestens zwei Richtungen offen. Einerseits erwartet sie Bestätigungen oder Widerlegungen, andererseits ist sie als ein zu erforschendes Gebiet konzipiert: Die Perspektiven, die sie anbieten kann, sind nur zum Teil entwikkelt worden.

Die ganze psychoanalytische Praxis ist hier als Gesamtheit von Operationen behandelt worden, die man in der Deutung zusammenfassen kann. Dieser von vielen Autoren geteilte Standpunkt bietet gewisse Vorteile. Er gestattet es, die Verbindungen zwischen Methode und Technik auf eine umfassendere Weise zu verstehen, als wenn man sich nur mit den einzelnen Aspekten der Klinik befaßte. Außerdem gibt es meiner Ansicht nach Probleme, die erst erkennbar werden, wenn man die Deutung unter einem materiell-historischen Gesichtspunkt betrachtet.

Ich will einige davon erwähnen, um auf mögliche neue Forschungsgebiete hinzuweisen.
Die Problematik des analytischen Settings stellt das erste dieser Gebiete dar. Es mag stimmen, daß das Setting, wie Green und andere Autoren (Green 1975, S. 10) sagen, eine Konstante ist, die »ihre Anwesenheit nur durch ihre Abwesenheit enthüllt«; aber das bedeutet nicht, daß man es ignorieren oder als etwas Feststehendes und irgendwie Abstraktes für irrelevant halten darf. Vom Standpunkt der Forschung aus kann man, im Gegenteil, behaupten, daß es spezifische Aspekte der psychoanalytischen Tätigkeit gibt, die einem entgehen, wenn man nicht eine Reihe von Variablen berücksichtigt, die im Setting angelegt sind (seine konkrete Physiognomie, seine historischen Veränderungen, seine unterschiedlichen Ausstattungen in verschiedenen klinischen Situationen, die Änderung des Settings im Laufe einer einzelnen Analyse). Dies deshalb, weil, wie ich zu zeigen versucht habe, enge logische Verbindungen zwischen Setting und Deutung bestehen. Die Deutung schließt die Elemente des Settings in ihre logische Struktur ein; und zu dieser Struktur gehören auch andere Elemente, die gewöhnlich auf andere Weise gesehen werden (zum Beispiel die faktischen Rollen des Analytikers).
Die Bedeutung dieser Tatsachen geht meiner Meinung nach noch über die in diesem Essay entwickelten Überlegungen hinaus. Es ist völlig klar, daß man bei der Erörterung der analytischen Praxis diese Verbindungen zwischen dem, was gedeutet, und dem, was als nicht deutbar behandelt wird, nicht ignorieren kann. Ebenso offensichtlich ist, daß die Praxis selbst vor allem aufgrund von Kriterien methodologischer Art zu beurteilen ist und viel weniger aufgrund von »äußeren« Überlegungen gleich den klassischen über das Setting bei der Therapie der Neurosen. Mit anderen Worten, die analytische Tätigkeit stellt eine komplexe Struktur dar, in der die Logik der Deutung, so wie ich sie zu erfassen versucht habe, eine erstrangige Rolle spielt. Wenn dies stichhaltig ist, ist alles hier Gesagte bedeutsam für eine aktuelle Problematik: für die Möglichkeiten und eventuellen Entwicklungen in der Anwendung der Psychoanalyse.

Man spricht allenthalben von der Notwendigkeit, das Betätigungsfeld der Psychoanalyse zu erweitern, aber bekanntlich stößt dieser Versuch auf große Schwierigkeiten. Er setzt nämlich voraus, daß die psychoanalytische Methode in klare Begriffe gefaßt wird und daß ihre Beziehungen zur Praxis mit präzisen logisch-materiellen Begriffen definiert werden. Mir scheint, daß dieses Ziel noch nicht erreicht ist und daß es schwierig sein wird, es zu erreichen, wenn man an der Idealvorstellung von der Analyse festhält, von der ich gesprochen habe. Macht man sich aber eine andere Auffassung zu eigen, so bemerkt man, daß die brauchbaren Informationen spärlich sind. Forschungen über die Beziehung zwischen materiellen Faktoren der analytischen Situation und Methode und über die faktische historische, mit den Entwicklungen der Theorie verbundene Veränderlichkeit dieser Faktoren existieren praktisch nicht. Doch solche Forschungen wären wichtig, um den Sinn analytischen Tuns besser zu begreifen. So gesehen, ist das Setting ein praktisch unerforschtes Thema. Daher kann man einen Teil der Schwierigkeiten besser verstehen, mit denen jene Analytiker zu kämpfen haben, die Alternativen zu den von der Tradition geheiligten Techniken suchen; und diese Schwierigkeiten werden noch größer, wenn man sein Tun begrifflich erfassen will. So entsteht nur zu leicht Verwirrung. Das Problem ist heikel. Daher braucht man vollständigere Informationen als die heute verfügbaren, um eine Grundlage für die Diskussion über Gegenwart und Zukunft der Psychoanalyse als Praxis zu schaffen.

Das ist jedoch nicht der einzige Diskusssionspunkt. Die in dieser Arbeit aufgestellten Hypothesen eröffnen noch einen weiteren Forschungsbereich: die Deutung in der Psychoanalyse und ihre Untersuchung von einem logisch-materiellen Standpunkt aus. Es ist klar, daß die bisherige Darlegung dieses Gebiet nur berühren, aber nicht ganz erfassen kann. Die epistemologische Aufgabe ist nur aufgezeigt worden. Die logische Struktur der psychoanalytischen Deutung hat zahlreiche Berührungspunkte mit Problemen von großer Tragweite, die ich hier nur andeuten kann. Man könnte denken, daß es sich alles in allem um abstrakte Fragen handelt, um eine bloße Neuformulierung von Kriterien, die in der Praxis bereits angewandt werden. Daß es aber nicht so ist, wird meiner Ansicht nach durch die engen Verbindungen bewiesen, die zwischen der Ausarbeitung dieser Kriterien einerseits und dem konkreten Handeln des Analytikers andererseits bestehen. Mir scheint, daß die logisch-materielle Einordnung dieses Handelns wesentlich für das gegenwärtige Verständnis der psychoanalytischen Problematik ist.

Die Antinomie Wahr–Falsch wurde eingeführt, um den logischen Mechanismus des Deutungsaktes klarzumachen und um die Inhalte der Deutung mit ihren sichtbaren Bezugspunkten zu verknüpfen. Wie man gesehen hat, berührt dieser Diskurs zuletzt einen wesentlichen Punkt: die Äquivalenz dessen, was in der Analyse für die Zwecke der Deutung als wahr angenommen wird, und dessen, was sich im absoluten Sinne als real darstellt. Mit anderen Worten, man streift hier das Problem der Wahrheit in der Analyse. Mit diesem Problem habe ich mich bisher nicht beschäftigt, und ich habe auch jetzt nicht die Absicht, es aufzugreifen. Ich will mich darauf beschränken zu betonen, daß man die deterministische Struktur der psychoanalytischen Theorie nicht mit Suche nach Wahrheit verwechseln darf. Die deterministische Deutung klärt die möglichen modalen Verbindungen und die psychologischen Determinanten des menschlichen Verhaltens. In diesem Sinne zeigt die Antinomie Wahr–Falsch die Wirkung dieses Determinismus und läßt die historische Komponente verstehen, die trotz der Rekonstruktionen in der Analyse tatsächlich oft im Dunkeln bleibt. Aber mit einem logischen Instrument dieser Art arbeiten, das heißt, eine Methode entwickeln, welche die historischen Determinanten bestimmter Situationen ans Licht bringt, ist keineswegs dasselbe wie nach einem kausalen Modell handeln. Daher kann man im Zusammenhang mit der Psychoanalyse nicht in den Begriffen einer Auffindung einfacher Ursachen oder der Entdeckung absoluter Wahrheiten denken. Sicherlich ist das Problem sehr umfangreich, und es ist in zahlreichen und wichtigen Untersuchungen behandelt worden. Ich beschränke mich hier auf diesen kurzen Hinweis, weil es mir interessant erscheint, eine neue Perspektive für die Forschung zu zeigen. Auch auf diesem Gebiet besitzen wir keine Arbeiten, die an einer materiellen Perspektive orientiert sind. Der größte Teil der bis heute erschienenen Beiträge behandelt diese Themen auf andere Weise und hält sich eher an die theoretischen Feststellungen der Psychoanalyse als an ihre Methode. Aber gerade von der Methode kann man meiner Ansicht nach erschöpfende Antwort auf gewisse fundamentale Fragen erhalten.

Noch weitere Fragen ergeben sich aus den zitierten Punkten. Die erste ist die Frage nach der Beziehung zwischen dem methodologischen Aspekt, wie er sich in der Technik äußert, und der metapsychologischen Theorie. Diese Beziehung ist zweifellos eines der Probleme von größter begrifflicher Schwierigkeit in der ganzen Psychoanalyse. Daß sie tatsächlich existiert, steht natürlich außer Zweifel. Aber es ist schwierig, sie in ihren spezifischen Aspekten zu erfassen, was schon die Tatsache beweist, daß das Thema nur selten und nur knapp behandelt wird. Es geht nicht einfach darum, die Technik durch die Metapsychologie zu rechtfertigen, sondern darum, den Zusammenhang zwischen der Methode, der diese Technik unterliegt, und den Feststellungen der Theorie zu finden. Das höchst bedeutsame Problem wird durch eine Tatsache erschwert, die ich zu zeigen versucht habe: die relative Unveränderlichkeit der Methode, verglichen mit der größten Variabilität der metapsychologischen Theorien. Andererseits handelt es sich aber, genau besehen, gar nicht darum, diese Dinge um jeden Preis zur Übereinstimmung zu bringen; dadurch würde nur wieder eine Idealvorstellung von der Psychoanalyse entstehen. Nützlicher scheint es zu sein, diese Verbindungen in ihren Übereinstimmungen und Nichtübereinstimmungen, vor allem aber in ihren genauen historischen Entwicklungen zu studieren.

Ein letzter Punkt bedarf noch eines Hinweises. Das Studium der Struktur des Deutungsprozesses führte dazu, ihn als etwas zu definieren, was nur innerhalb der analytischen Situation existiert. Diese Definition mag vielleicht als zu restriktiv angesehen werden, aber sie ist die einzige, die es erlaubt, die Logik des psychoanalytischen Deutens zu verstehen. Gewiß kann man sagen, daß es auch außerhalb der Analysesituation »analytische« Augenblicke gibt und daß man umgekehrt in der Analyse neben der Deutung noch viele andere Dinge findet. Hier ging es aber darum, die Spezifität einer Praxis zu erfassen. Es scheint, daß die Untersuchung dieser Spezifität eine verhältnismäßig restriktive Definition – wie die von mir gegebene – erfordert. Sie gestattet es, die Analyse als ein begrenztes Feld zu sehen, in dem eine besondere Aktivität möglich ist. Die Logik dieser Aktivität erlaubt es, sobald sie einmal geklärt ist, die analytische Tätigkeit in ihren genauen historisch-materiellen Kontext zu stellen. Das psychoanalytische Verständnis kann nicht in einem abstrakten oder absoluten Sinne definiert werden. Es ist vielmehr nur in bezug auf die konkreten intersubjektiven und spezifischen Bedingungen seiner Überprüfbarkeit definierbar. Wenn dies aber zutrifft, muß man auch einräumen, daß die Kenntnisse über diese Logik nicht ausreichen: das heißt, wenn man die abstrakten Definitionen phänomenologischer Ordnung verläßt, wird man gewahr, daß das Feld erst noch zu erforschen ist. Diese Arbeit trägt nur teilweise zu einer solchen Erforschung bei; mir scheint jedoch, daß sie heute unumgänglich nötig ist.

Verzeichnis der zitierten Werke

ALEXANDER, F., A Metapsychological Description of the Process of Cure, in: *Int. J. Psychoanal.*, 6, S. 13–34, 1925.

BERNFELD, S., Der Begriff der Deutung in der Psychoanalyse, in: *Z. angew. Psychol.*, 42, S. 448–97, 1932.

CARNAP, R., The Methodological Character of Theoretical Concepts, in: *The Foundations of Science and the Concepts of Psychology and Psychoanalysis*, Minnesota Studies in the Philosophy of Science, 1, hrsg. von H. Feigl und M. Scriven, University of Minnesota Press, Minneapolis 1956.

CASSIRER, E., *Philosophie der symbolischen Formen*, Berlin 1923.

CODIGNOLA, E., Einleitung zu A. H. Modell, *Amore oggettuale e realtà*, ital. Übers., Boringhieri, Turin 1975a. Auch ersch. unter dem Titel »Nota sulla relazione d'oggetto e la costituzione dell'Io, in: *Psicot. Sci. um.*, 1, 1975b.

– Una metateoria? Nota su Lorenzer, in: *Psicot. Sci. um.*, 4, 1975c.

– Galli, P. F. und Rothschild, B., *Intellektuelle und Klassenkampf am Beispiel der Psychoanalyse*, Arbeitspapiere zur Psychoanalyse, Psychoanal. Seminar Zürich, Zürich 1974.

DEVEREUX, G., Some Criteria for the Timing of Confrontations and Interpretations, in: *Int. J. Psychoanal.*, 32, S. 19–24, 1951. Nachdruck in: *Psychoanalytic Clinical Interpretation* (s. Paul 1963).

EISSLER, K. R., The Effect of the Structure of the Ego on Psychoanalytic Technique, in: *J. Am. Psychoanal. Ass.*, 1, S. 103–43 1953.

ELLENBERGER, H. F., *The Discovery of the Unconscious*, 1970. Dt.: *Die Entdeckung des Unbewußten*, Huber, Bern 1973.

FEIGL, H., Some Major Issues and Developments in the Philosophy of Science of Logical Empiricism, in: *The Foundations of Science and the Concepts of Psychology and Psychoanalysis*, Minnesota Studies in the Philosophy of Science, 1, hrsg. von H. Feigl und M. Scriven, University of Minnesota Press, Minneapolis 1956.

FENICHEL, O., Concerning the Theory of Psychoanalytic Technique, 1935.

Erstm. ersch. in: Int. Z. Psychoanal., 21, S. 78–95, Nachdruck in: *Psychoanalytic Clinical Interpretation*, s. Paul 1963. Seitenangaben beziehen sich auf letzteren Text.
– Problems of Psychoanalytic Technique, in: *Psychoanalytic Quarterly*, 1941.
– *The Psychoanalytic Theory of Neurosis*, Norton, New York 1945.

FESTINGER, Leon, *A Theory of Cognitive Dissonance*, 1962. Dt.: *Theorie der kognitiven Dissonanz*, Huber, Bern, Stuttgart, Wien 1978.

FREUD, Anna, *Normality and Pathology in Childhood*, 1969. Dt.: *Wege und Irrwege in der Kindesentwicklung*, Huber, Bern; Klett, Stuttgart 1971.

FREUD, Sigmund, Entwurf einer Psychologie, 1895, in: *Aus den Anfängen der Psychoanalyse*, S. Fischer, Frankfurt a.M. 1975; korrigierter Nachdruck der Paperbackausgabe von 1962.
– *Die Traumdeutung*, 1900, G. W., Bd. II/III (*Gesammelte Werke* in 18 Bänden, seit 1960 bei S. Fischer Verlag, Frankfurt a. M.).
– Formulierungen über die zwei Prinzipien des psychischen Geschehens, 1911, in: *Jb. psychoanalyt. psychopath. Forsch.*, 3, (1), S. 1; G. W., Bd. VIII, S. 229.
– Die Handhabung der Traumdeutung in der Psychoanalyse, 1911, in: *Zentbl. Psychoanal.*, 2 (3), S. 109; G. W., Bd. VIII, S. 349.
– Ratschläge für den Arzt bei der psychoanalytischen Behandlung, 1912, in: *Zentbl. Psychoanal.*, 2 (9), S. 483; G. W. Bd. VIII, S. 375.
– *Totem und Tabu*, 1912–13, G. W., Bd. IX.
– Das Interesse an der Psychoanalyse, 1913, in: *Scientia*, 14 (31), S. 240 und (32), S. 369; G. W., Bd. VIII, S. 389.
– *Das Ich und das Es*, 1923, G. W., Bd. XIII.
– *Hemmung, Symptom und Angst*, 1926, G. W., Bd. XIV.
– *Das Unbehagen in der Kultur*, 1930, G. W., Bd. XIV.
– Konstruktionen in der Analyse, 1937, in: *Int. Z. Psychoanal.*, 23 (4), S. 459; G. W., Bd. XIV.

GLOVER, E., The Therapeutic Effect of Inexact Interpretations, in: *Int. J. Psychoanal.*, 12, S. 397–411, 1931.

GREEN, A., The Analyst, Symbolization and Absence in the Analytic Setting (On Changes in Analytic Practice and Analytic Experience), in: *Int. J. Psychoan.*, 56, 1, S. 1–22, 1975.

HABERMAS, Jürgen, *Erkenntnis und Interesse*, Suhrkamp TB Wissenschaft 1, Frankfurt a. M. 1968.

HEMPEL, C. G., *Fundamentals of Concept Formation in Empirical Science*, Dt.: *Grundzüge der Begriffsbildung in der empirischen Wissenschaft*, Bertelsmann, Düsseldorf 1974.

HERMANN, I., *Die Psychoanalyse als Methode*, (1934) 2. Auflage: Westdeutscher Verlag, Köln 1963.

HORN, K., Der überraschte Psychoanalytiker, in: *Psyche*, 5, S. 395–430, 1974.

ISAACS, Susan, Criteria for Interpretation, in: *Int. J. Psychoanal.*, 20, S. 148–60, 1939.

JONES, E., The Theory of Symbolism, 1916, in: *Papers on Psycho-Analysis*, Baillière, London 1948.

KAISER, H., Probleme der Technik, in: *Int. Z. Psychoanal.*, 20, S. 490–522, 1934.
KRIS, E., Ego Psychology and Interpretations in Psychoanalytic Therapy, in: *Psychoanal. Quarterly*, 20, S. 15–30, 1951.

LAPLANCHE, J. und Pontalis, J.-B., *Vocabulaire de la Psychanalyse*, Paris 1967; Dt.: *Das Vokabular der Psychoanalyse*, 2 Bde., Suhrkamp TB Wissenschaft 7, Frankfurt a. M. 1973.
LEVY, Leon H., *Psychological Interpretation*, Holt, Rinehart & Winston, New York, Chicago, San Francisco, Toronto, London 1963.
LOCH, W., *Voraussetzungen, Mechanismen und Grenzen des psychoanalytischen Prozesses*, Bern und Stuttgart 1965.
– Der Analytiker als Gesetzgeber und Lehrer, in: *Psyche*, 5, S. 431–60, 1974.
– Psychoanalyse und Wahrheit, in: *Psyche*, 10, S. 865–98, 1976.
LORENZER, A., *Sprachzerstörung und Rekonstruktion. Vorarbeiten zu einer Metatheorie der Psychoanalyse*, Suhrkamp, Frankfurt a. M. 1970.
– *Über den Gegenstand der Psychoanalyse oder Sprache und Interaktion*, Suhrkamp, Frankfurt a. M. 1973.
– *Die Wahrheit der psychoanalytischen Erkenntnis. Ein historisch-materialistischer Entwurf*, Suhrkamp, Frankfurt a. M. 1974.
LOEWENSTEIN, R. M., The Problem of Interpretation, in: *Psychoanal. Quarterly*, 20, S. 1–14, 1951.

MANFREDI TURILLAZZI, Stefania, Dalle interpretazioni mutative di Strachey alle interpretazioni delle relazioni fra gli oggetti interni, in: *Riv. Psicoan.*, 20, S. 127–43, 1974.
MELTZER, D., *Il processo psicoanalitico*, Armando, Rom 1971.
MENNINGER, Karl A. und Holzman, P. S., *Theory of Psychoanalytic Technique*; Dt.: *Theorie der psychoanalytischen Technik*, Stuttgart/Bad Cannstatt 1977.

NAGERA, Humberto et al. (verschiedene englische Titel zusammengefaßt in der deutschen Ausgabe:) *Psychoanalytische Grundbegriffe*, S. Fischer, Frankfurt a. M. 1974 (3. Teil).
NAIMAN, J., The Fundamentals of Psychic Change in Clinical Practice, in: *Int. J. Psychoanal.*, 57, 4, S. 411–18, 1976.

PAUL, L., Hrsg., *Psychoanalytic Clinical Interpretation*, Collier-Macmillan, London 1963.
Psicoanalisi e psicoanalisti, in: *Psicot. Sci. um.*, 4, 1975, hrsg. von der Redaktion der Zeitschrift.

RACKER, H., Counterresistence and Interpretation, in: *J. Am. Psychoanal. Ass.*, 6, S. 215–21, 1958. Nachdruck in: *Psychoanalytic Clinical Interpretation*, s. Paul 1963.

RAPAPORT, David, *The Structure of Psychoanalytical Theory*; Dt.: *Die Struktur der psychoanalytischen Theorie*, Klett, Stuttgart 1959.
– *The Collected Papers of David Rapaport*, New York–London 1967.
REICH, W., Zur Technik der Deutung und der Widerstandsanalyse, in: *Int. Z. Psychoanal.*, 11, S. 297–317, 1927.
– *Charakteranalyse*, Berlin 1933.
REIK, T., New Ways in Psychoanalytic Technique, in: *Int. J. Psychoanal.*, 14, S. 321–34, 1933.
RICOEUR, P., *De l'Interprétation. Essai sur Freud*, 1965. Dt.: *Die Interpretation. Ein Versuch über Freud*, Suhrkamp, Frankfurt a. M. 1969.

SANDLER, J., Dare, C. und Holder, A., *The Patient and the Analyst*, Allen & Unwin, London 1973. Dt.: *Die Grundbegriffe der psychoanalytischen Therapie*, Klett, Stuttgart 1973.
SAUL, L., Making Interpretations, Nachdruck in: *Psychoanalytic Clinical Interpretations*, s. Paul 1963.
SCHMIDL, F., The Problem of Scientific Validation in Psychoanalytic Interpretation, in: *Int. J. Psychoanal.*, 36, S. 105–13, 1955.
STENGEL, E., The Scientific Testing of Psychoanalytic Findings and Theory, in: *Brit. J. Med. Psychol.*, 24, S. 26–29, 1951.
STERBA, Editha, Interpretation and Education, in: *Psychoanal. Study Child*, 1, S. 309–17, International Universities Press, New York 1945.
STOKVIS, B., *Psychotherapie für den praktischen Arzt*, Basel 1969.
STRACHEY, J., The Nature of the Therapeutic Action of Psychoanalysis, in: *Int. J. Psychoanal.*, 15, S. 127–59, 1934. Nachdruck in: *Psychoanalytic Clinical Interpretation*, s. Paul 1963.

WIDLÖCHER, D., *Freud et le problème du changement*, Payot, Paris 1968.

Namen- und Sachregister

Bitte umblättern:

auf den nächsten Seiten informieren wir Sie über weitere interessante Fischer Taschenbücher.

Fischer Wissenschaft

Sigmund Freud
Studienausgabe
Die erste kommentierte deutsche Edition
Herausgegeben von Alexander Mitscherlich u. a. 10 Bände, 1 Ergänzungsband, Konkordanz und Gesamtbibliographie in Kassette *Band 7300*. Alle Bände sind einzeln erhältlich.

Peter Mertz
Der König lebt
Band 7313

Anna Freud/Dorothy Burlingham
Heimatlose Kinder
Band 7314

Joachim Schickel
Philosophie als Beruf
Band 7315

Sándor Ferenczi
Schriften zur Psychoanalyse
Auswahl in 2 Bänden. Herausgegeben von Michael Balint.
Band 1 / Bd. 7316
Band 2 / Bd. 7317

Hansjürgen Blinn
Informationshandbuch
»Deutsche Literaturwissenschaft«
Band 7318

Karl Abraham
Gesammelte Schriften in zwei Bänden
Neu zusammengestellt, herausgegeben und eingeleitet von Johannes Cremerius
Band 1 / Bd. 7319
Band 2 / Bd. 7320

Fischer Taschenbuch Verlag

fi 66/2a

Fischer Wissenschaft

Henri Pirenne
Geschichte Europas von der Völkerwanderung bis zur Reformation
Band 7321

Bruno Bettelheim
Die symbolischen Wunden
Pubertätsriten und der Neid des Mannes
Band 7322

Melanie Klein/Joan Riviere
Seelische Urkonflikte
Liebe, Haß und Schuldgefühl
Band 7323

Gerald H. J. Pearson
Handbuch der Kinder-Psychoanalyse
Einführung in die Psychoanalyse von Kindern und Jugendlichen
Band 7324

Hanna Segal
Melanie Klein
Eine Einführung in ihr Werk
Band 7325

Harry Stack Sullivan
Die interpersonale Theorie der Psychiatrie
Band 7326

Sven Papcke
Vernunft und Chaos
Soziologische Essays zur sozialen Ideengeschichte
Band 7328

Fischer Wissenschaft

Viktor Šklovskij
Theorie der Prosa
Herausgegeben und aus dem Russischen
übersetzt von Gisela Drohla
Band 7339

Alfred Lorenzer
Das Konzil der Buchhalter
Die Zerstörung der Sinnlichkeit
Eine Religionskritik
Band 7340

Deutung und Beziehung
Herausgegeben von S.O. Hoffmann
Kritische Beiträge zur Behandlungskonzeption
und Technik in der Psychoanalyse
Band 7341

Herfried Münkler
Machiavelli
Die Begründung des politischen Denkens der Neuzeit
aus der Krise der Republik Florenz
Band 7342

Heidrun Hesse
Vernunft und Selbstbehauptung
Band 7343

Susanne K. Langer
Philosophie auf neuem Wege
Das Symbol im Denken, im Ritus und in der Kunst
Band 7344

Sigmund Freud
Einzelbände im Taschenbuch

Abriß der Psychoanalyse/ Das Unbehagen in der Kultur Band 6043

Analyse der Phobie eines fünfjährigen Knaben Falldarstellung »Der kleine Hans«. Band 6715

Beiträge zur Psychologie des Liebeslebens und andere Schriften. Band 6732

Bruchstück einer Hysterie-Analyse. Band 6736

Darstellungen der Psychoanalyse. Band 6016

Drei Abhandlungen zur Sexualtheorie und verwandte Schriften Band 6044

Das Ich und das Es und andere metapsychologische Schriften Band 6394

Der Mann Moses und die monotheistische Religion Band 6300

Massenpsychologie und Ich-Analyse/Die Zukunft einer Illusion. Band 6054

Neue Folge der Vorlesungen zur Einführung in die Psychoanalyse Band 6390

»Selbstdarstellung« Schriften zur Geschichte der Psychoanalyse. Band 6096

Totem und Tabu. Band 6053

Die Traumdeutung. Band 6344

Über Träume und Traumdeutungen. Band 6073

Vorlesungen zur Einführung in die Psychoanalyse. Band 6348

Der Wahn und die Träume in W. Jensens »Gradiva« mit dem Text der Erzählung von Wilhelm Jensen. Band 6172

Der Witz und seine Beziehung zum Unbewußten. Band 6083

Zur Psychopathologie des Alltagslebens. Band 6079

Zwei Falldarstellungen Der Rattenmann/ Der Fall Schreber. Band 6745

Sigmund Freud/Josef Breuer Studien über Hysterie Band 6001

Hemmung, Symptom und Angst Band 42196

Sigmund Freud/C.G. Jung Briefwechsel Hrsg.: William McGuire und Wolfgang Sauerländer Band 6775

Ernst Federn (Hrsg.) Freud im Gespräch mit seinen Mitarbeitern. Band 6774

Muriel Gardiner (Hrsg.) Der Wolfsmann vom Wolfsmann Sigmund Freuds berühmtester Fall Erinnerungen, Berichte, Diagnosen. Aktualisierte Ausgabe. Band 6794

Fischer Taschenbuch Verlag